Christoph Kühberger

Leistungsfeststellung im Geschichtsunterricht

Diagnose – Bewertung – Beurteilung

Kleine Reihe · Geschichte · Didaktik und Methodik

Herausgegeben von Bernward Debus, Saskia Handro, Christoph Kühberger und Vadim Oswalt

Christoph Kühberger

Leistungsfeststellung im Geschichtsunterricht

Diagnose – Bewertung – Beurteilung

WOCHEN
SCHAU
VERLAG

Bibliografische Information der Deutschen Nationalbibliothek

Die Deutsche Nationalbibliothek verzeichnet diese Publikation in der Deutschen Nationalbibliografie; detaillierte bibliografische Daten sind im Internet über http://dnb.d-nb.de abrufbar.

www.wochenschau-verlag.de

Titelgestaltung: Ohl Design
Umschlagbild: © Reimer Pixelvario Fotolia.com
Zeichnungen S. 34: Grahamm Wisemann
Gesamtherstellung: Wochenschau Verlag
ISBN 978-3-7344-0028-5

Inhalt

1. Annäherung

Arbeitet man als Geschichtslehrer/in mit einer Klasse, stellt man schnell fest, dass es im Rahmen des Geschichtsunterrichtes nicht nur darum geht, historische Inhalte zu vermitteln und diese für die Schüler/innen aufzubereiten, sondern dass gelungene fachspezifische Lernprozesse von einer Vielzahl an Variablen abhängen, um optimale Fortschritte bei den Lernenden zu ermöglichen. Das Organisieren von Lernprozessen im Geschichtsunterricht bedarf dazu auch eines Wissens über den Lernstand der Schüler/innen und deren Entwicklungen im Umgang mit Geschichte und Vergangenheit. Dazu müssen Leistungen festgestellt werden. Leistungen können nach Wolfgang Klafki als „Ergebnis und Vollzug einer Tätigkeit" verstanden werden, „die mit Anstrengungen und gegebenenfalls Selbstüberwindung verbunden ist und für die Gütemaßstäbe anerkannt werden" (Klafki 1996, 124). Was letztlich aber zu einer fachspezifischen Lernleistung gezählt wird, war in den letzten Jahren einem Wandel unterworfen. Waren es lange Zeit vor allem die Wiedergabe von abstraktem Bildungswissen und das Vorführen von Fertigkeiten (z. B. Lesen einer Geschichtskarte), setzte sich vermehrt die Berücksichtigung von höheren Fertigkeiten als Zielhorizont des Geschichtsunterrichtes durch, um selbstständig komplexere Fragen beantworten zu können und entsprechend einer fachspezifischen Kultur kritische Denkakte im Umgang mit Quellen und Darstellungen zu entwickeln (vgl. Stern 2008, 25).

Lernstand und Entwicklungen wahrnehmen

Historisches Lernen ist dabei jedoch nicht nur eine innerdisziplinäre Angelegenheit, sondern wird auch durch bürokratische und administrative Rahmenbedingungen im jeweiligen Schulsystem geregelt. In der Schulbürokratie sind etwa nach wie vor inhaltsstrukturierende Aspekte in Curricula und Lehrplänen ausgewiesen sowie Erwartungen hinsichtlich der Notengebung ausformuliert. In beiden Bereichen handelt es sich um Momente, welche den Fachunterricht letztlich mit-

Spannung zwischen Bürokratie und Fachdidaktik

bestimmen. Der vorliegende Band versucht daher, das breite Feld der Leistungsfeststellung zwischen Lernstandserhebung, Begutachtung und Bewertung aufzugreifen, um angehenden und praktizierenden Geschichtslehrer/innen grundlegende theoretische Einsichten und handhabbare Tools für die Unterrichtspraxis zur Verfügung zu stellen.

Da es in der Schule oft zu beobachten ist, dass Leistungsfeststellung mit Bewertung und/oder Notengebung gleichgesetzt wird, gilt es bereits an dieser Stelle darauf zu verweisen, dass damit nicht nur die im öffentlichen Bewusstsein stark verankerten Aspekte der Selektion und der Berechtigungen gemeint sind. Vielmehr sollte vor dem Ziel eines anzubahnenden reflektierten Geschichtsbewusstseins die fachspezifische Feedbackkultur für Lernende und Lehrende im Mittelpunkt der Leistungsfeststellung stehen, um die Schüler/innen zu fördern und zu fordern. Dies ist etwa dadurch zu erreichen, dass im Geschichtsunterricht zwischen bewertungs- und beurteilungsfreien Lernzeiten, in denen die individuelle, stressfreie Aneignung im Mittelpunkt steht, und offen kommunizierten Zeitpunkten der notenrelevanten Feststellung, an welchen vereinbarte und erreichbare Leistungen abgefragt werden, unterschieden wird, um den Fachunterricht nicht in eine ständige und immerwährende Prüfungssituation zu verwandeln.

Lernzeiten vs. Prüfungszeiten

2. Leistungsfeststellung

2.1 Orientierung zu den verschiedenen Zugängen der Leistungsfeststellung

Vollzieht man einen Wechsel von der Inhalts- zur Kompetenzorientierung, dann gilt es auch im Unterricht begleitende Methoden und Zugänge der Leistungsfeststellung zu verändern. Dies ist durchaus eine Herausforderung, da sich die Performanz von historischem Denken in der Regel nicht durch kurze richtige oder falsche Antworten, sondern – in einem weit differenzierteren Maße – über Begründungs-, Verstehens- und Reflexionsgrade ausdrückt. Damit wird deutlich, dass sich Leistungsdiagnose, -bewertung und -beurteilung in einem kompetenzorientierten Lernsetting schwieriger gestalten als das herkömmliche Abfragen von isolierten Daten- und Faktenwissen oder vorgegebenen historischen Interpretationen, wie dies im Regelunterricht nach wie vor anzutreffen ist (vgl. Stern 2008, 25). Erst eine entsprechend klare Unterscheidung (vgl. Abb. 2) ermöglicht es, herkömmliche Leistungsfeststellung, welche besonders die Leistungsunterschiede in den Mittelpunkt stellt, durch diagnostische Formate zu ergänzen. Das Ziel von diagnostischen Herangehensweisen ist es, differenzierte intraindividuelle Wahrnehmungen zu ermöglichen, um der Komplexität fachspezifischen Lernens gerecht zu werden und um davon abgeleitet Möglichkeiten zu schaffen, individualisierte Lernentwicklungen zwischen Forder- und Fördermaßnahmen zu initiieren (vgl. Borries 1997, 482).

Diagnose, Bewertung und Beurteilung unterscheiden

Die Debatte rund um einen kompetenzorientierten Unterricht verdeutlicht immer stärker, dass es die Aufgabe der Lehrperson ist, zwischen mindestens drei verschiedenen Arten des Umgangs mit Schülerleistungen, die über Tools der Leistungsfeststellung zu erheben sind, zu unterscheiden (Abb. 2): (a) Leistungsdiagnose, (b) Leistungsbewertung und (c) Leistungsbeurteilung.

Die Verfahren zur Leistungsfeststellung (Tools) unterscheiden sich dabei nicht zwingend. Was sie jedoch unterscheidet, sind die dahinter liegenden Intentionen und die dabei angestrebten Maßstäbe (→ Kapitel 2.2 Bezugsnormen klären). In jedem Fall sollten jedoch die klassischen Gütekriterien beachtet werden, die auch bei anderen „Messungen" gelten (Abb. 1).

Objektivität (Unabhängigkeit)	Die Leistungsfeststellung erfolgt unabhängig von der Lehrperson bzw. von deren persönlicher Haltung. Beobachtungsfehler (Vorurteile, erster Eindruck, Fehlzuweisungen etc.) werden ausgeschlossen.
Reliabilität (Zuverlässigkeit)	Die Lehrperson kommt in einer gleichen/ähnlichen Situation zum gleichen/ähnlichen Urteil. Dies bedeutet aber noch nicht, dass das Urteil richtig ist.
Validität (Gültigkeit)	Das, was festgestellt werden sollte, stimmt mit dem überein, was festgestellt wurde. Das Urteil der Lehrperson ist richtig.
Ökonomie (angemessener Aufwand)	Der für die Leistungsfeststellung betriebene Aufwand steht in einem sinnvollen Verhältnis zum Ergebnis.

Abb. 1: Gütekriterien für die Leistungsfeststellung (Adaptiert nach: Saldern 2011, 93; Adamski/Bernhardt 2012, 403 und 407; Borries 1979, 89)

2.2 Bezugsnormen klären

Je nach didaktischer Absicht können verschiedene Normen als Bezugsgrößen für eine Einordnung von erbrachten Leistungen herangezogen werden (vgl. Walzik 2012, 87 ff.). Bezugsnormen sind dabei als Standards zu verstehen, an denen Resultate der Leistungsfeststellung rückgebunden werden, um unterschiedliche Leistungsgrade identifizieren zu können (Bromme et al. 2005, 313).

Fokussiert man auf die individuelle Entwicklung einzelner Schüler/innen und versucht im Zusammenhang mit bestimmten Aneignungssituationen deren Entwicklungsschritte sichtbar zu machen, werden dazu die individuell erbrachten Leistungen vor und nach einem Lernprozess verglichen

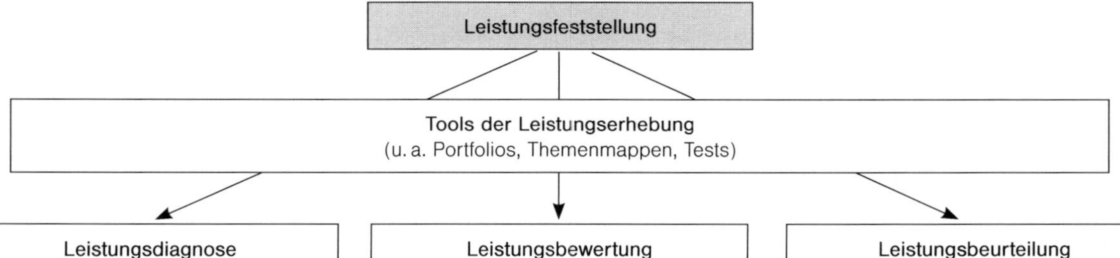

Leistungsdiagnose

Feststellung von individuellen Lernständen der Schüler/innen, um Lernentwicklungen zu erfassen, rückzumelden und zu ermöglichen.
Sie dient der Orientierung hinsichtlich des erreichten Niveaus vor dem Hintergrund eines angestrebten Ziels. Es werden dabei keine Leistungsbewertungen und -beurteilungen vorgenommen, sondern Orientierungsangebote für die Lernenden gemacht, welche für eine spätere Notenfindung keine Relevanz besitzen, im Idealfall jedoch Auswirkungen auf das Lernsetting bzw. die Unterrichtsgestaltung und damit auf das Lernen haben.

Leistungsbewertung

Gutachten über erbrachte punktuelle oder prozessual angelegte Leistungen der Schüler/innen, welches anhand differenzierter Bewertungskriterien erstellt wird.
Es soll dabei den Ist-Zustand mit dem erwarteten Soll-Zustand abgleichen und gleichzeitig als Rückmeldung an die Lernenden dienen. Oftmals werden dafür eigene Bewertungsmodelle herangezogen, um sich von einer summativen Notengebung abzusetzen und um dennoch Einzelaspekte einer Leistung zu bewerten (z.B. „+“, „o“, „–“ oder 1 bis 10 Punkte).

Leistungsbeurteilung

Gutachten über erbrachte Leistungen, die zwar aus unterschiedlichen kriteriengeleiteten Aspekten zusammengesetzt werden, aber summativ in Form einer Note zum Ausdruck gebracht werden (Notengebung).

Abb. 2: Typen der Leistungsfeststellung

Individualnorm

(Individualnorm). Dabei steht der einzelne/die einzelne Lernende mit seinen/ihren Potentialen in einem bestimmten Zeitraum im Mittelpunkt und es können spezifische Rückmeldungen im Verhältnis zur individuellen Ausgangslage getätigt werden. Damit können auch kleine Schritte in fachspezifischen Lernprozessen aufgezeigt werden. In diesem Sinn eignet sich diese auf das Subjekt des Lernens abgestellte Bezugsgröße besonders für diagnostische Feststellungen, da so Rückmeldungen zum persönlichen Lernverlauf möglich sind. Die Individualnorm „kommt dem Wunsch nach angemessener Würdigung der Leistung der Einzelnen nach und trägt dazu bei, dass Leistungen optimal bekräftigt und Entmutigungen vermieden werden können." (Amrhein-Kreml et al. 2008, 40)

Sachnorm

Neben der Individualnorm wird im Zusammenhang mit der Leistungsfeststellung am häufigsten die *Sachnorm* (auch: kriteriale Norm) zum Einsatz gebracht. Sie ermöglicht eine Leistungsrückmeldung aufgrund von festgelegten Kriterien. Vor der Leistungsfeststellung wird dabei festgelegt, welcher Norm die Lernenden entsprechen müssen, um einen bestimmten Leistungsgrad zu erreichen. Im Geschichtsunterricht würde dies etwa bedeuten, dass für das kritische Hinterfragen einer Darstellung über die Vergangenheit Kriterien ausgemacht werden, die in einem bestimmten Umfang zu erreichen sind (z. B. selbstständig explizites Berücksichtigen der Intention des Autors/der Autorin und des Entstehungs-/Nutzungskontexts). Es erscheint dabei zentral, dass der Lehrer/die Lehrerin bereits im Vorfeld festlegt, welche Aspekte bei einer Leistungsfeststellung herangezogen werden und auf welchem Anforderungsniveau welche Leistungsgrade erreicht werden. Dazu eignen sich allgemeine Kompetenzraster (→ Kapitel 5.3). Für ein Feedback nach der Leistungsfeststellung sind jedoch auch auf konkrete Beispiele zugeschnittene Raster, welche verstärkt inhaltliche Ausprägungen eines herangezogenen Fallbeispiels berücksichtigen, zu entwickeln, um eine effiziente und eindeutige Rückmeldung geben zu können. Auf diese Weise werden jedenfalls Lösungen bereits vor der Leistungsfeststellung durch die Lehrperson reflektiert und bis zu einem bestimmten Grad fixiert, ohne dabei alternativ mögliche Lösungswege ausschließen zu wollen.

Sozialnorm

Im schulischen Kontext trifft man nur noch vereinzelt auf die *Sozialnorm.* Zieht man die Sozialnorm heran, werden die Leistungen eines/einer Lernenden im Vergleich zu einer bestimmten Gruppe (z. B. einer Klasse, dem Jahrgang einer Schule, allen Schülern/innen eines Bundeslandes) ermittelt. Dabei wird oftmals davon ausgegangen, dass es in Gruppen je ein großes Mittelfeld an durchschnittlichen Leistungen gäbe, während sehr gute und sehr schlechte Leistungen nur selten zu verzeichnen wären. In diesem Sinn wird oft die „Gauß'sche Normalverteilung" herangezogen, um nach der Feststellung eine nach statistischen Überlegungen immer gleichverteilte Beurteilung festzulegen. Ein derartiger Zugang verdeutlicht jedoch nicht, inwieweit von einem Schüler/einer Schülerin ein bestimmtes Niveau erreicht wurde, da die Zuordnung zu Leistungsgraden über ein a priori fixiertes Verhältnis innerhalb der Gruppe erfolgt und es daher etwa konstant die gleiche Menge an sehr guten bzw. auch schlechten Leistungen gibt, egal auf welchem Niveau die Lernenden die Aufgabenstellungen umgesetzt haben. Ein Leistungszuwachs in der Gruppe kann dadurch nicht sichtbar gemacht werden.

Die Sozialnorm eignet sich daher eher zur Selektion. Wird nämlich etwa nur ein bestimmter Prozentsatz an Lernenden für ein spezielles Projekt oder eine Neigungsgruppe zugelassen, können auf diese Weise aus allen an der Leistungsfeststellung teilnehmenden Personen die jeweils besten identifiziert werden. Ähnliches gilt auch im umgekehrten Sinn, wenn man etwa die (relativ) Schwächsten einer Gruppe besonders fördern möchte (vgl. Amrhein-Kreml et al. 2008, 39).

Mischformen

In der Regel treten die unterschiedlichen Bezugsnormen jedoch in Mischformen auf. So ist es etwa im diagnostischen Bereich von Vorteil, Rückmeldungen auf der Ebene der Individualnorm zu geben, diese aber mit einer Sachnorm in Verbindung zu setzen, um den Schülern/innen neben den individuellen Entwicklungsschritten auch das Ziel des fachspezifischen Lernens in einer bestimmten Schulstufe zu verdeutlichen, welches dann je nach Ausprägung erreicht, überschritten oder noch anzustreben ist. Gleichzeitig gilt es zu beachten, dass durchaus auch Rückschritte (Regressionen) mögliche Szenarien in fachspezifischen Aneignungsprozessen darstellen, die so kommuniziert werden können.

Individualnorm
Das lernende Subjekt und seine individuellen Lernfortschritte werden zur Bezugsgröße der Leistungsfeststellung.

Sozialnorm
Eine Gruppe von Lernenden und deren Lernfortschritte werden zur Bezugsgröße der Leistungsfeststellung.

Sachnorm
Eine über Kriterien festgelegte Norm, auf die hingearbeitet wird, gilt als Bezugsgröße des Lernfortschritts.

Abb. 3: Bezugsnormen der Leistungsfeststellung

2.3 Leistungsdiagnose

Lernzeiten gewähren

Unterricht kann unmöglich eine permanente Prüfungssituation darstellen, in der Schüler/innen ständig bewertet und beurteilt werden. Lernen braucht Phasen, in denen die Schüler/innen ihre fachspezifischen Fähigkeiten, Fertigkeiten und Bereitschaften sowie das damit verbundene Wissen erwerben und erproben können. Die dabei gemachten Fehler oder Umwege sollten als produktive Mechanismen wahrgenommen werden, die den Lernprozess tendenziell interessanter und herausfordernder gestalten. Sie stellen in beurteilungs- und benotungsfreien Lernzeiten Ausgangspunkte für Reflexionen zu neuen Lernwegen für Schüler/innen dar. Sie tragen aber auch gleichzeitig zur Konzeption von neuen Lernsettings bei, welche eine Lehrperson entwickelt, um auf Schwierigkeiten oder auf Vorwissen der Schüler/innen einzugehen.

In diesem Sinn benötigen Lehrer/innen jedoch Zugänge, die ihnen einen Einblick in das fachspezifische Denken ihrer Schüler/innen und dessen Progression ermöglichen. Dies soll jedoch nicht in Situationen der Leistungsbeurteilung (z. B.

benotete Tests) geschehen, sondern in Form von didaktisierten Tools, die dazu konzipiert wurden, der Lehrperson eine hinreichende Rückmeldung über den Lernstand, besser definiert über das Niveau der erworbenen (Teil-)Kompetenzen, zu geben. Auf dieser Grundlage sollten dann auch informelle Rückmeldungen, welche idealerweise auf individuelle Leistungsentwicklungen Bezug nehmen, an die Schüler/innen gegeben werden (Amrhein-Kreml et al. 2008, 41).

Lernpotentiale erkennen

Das Hauptziel einer *fachdidaktischen Diagnose* stellt nicht das Eruieren von Defiziten dar, sondern eine Erhebung von individuellen Lernpotentialen (Kühberger 2012c). Für den Geschichtsunterricht liegen bisher nur wenige Publikationen im deutschsprachigen Raum vor, die einen solchen Zuschnitt für das fachspezifische Lernen bieten (vgl. Heuer 2007; Zergiebel 2007; Krammer/Kühberger 2009, 9 ff.; Ammerer/Windischbauer 2011). Derartige Diagnosetools lassen sich jedoch aus dem eigenen Unterricht ableiten, sofern dieser sich an einem fachspezifischen Kompetenzmodell orientiert. Damit ist gemeint, dass die Lehrperson entlang eines theoretischen Modells darüber Auskunft geben können sollte, welche (Teil-)Kompetenz durch welche Thematik bzw. Aufgabenstellung gefördert werden soll (z. B. Förderung der Interpretation bildlicher Quellen am Beispiel absolutistischer Herrscherdarstellungen). Wurden auf diese Weise Lerngelegenheiten geschaffen, die individuelle Aneignungs-, Reflexions- und Austauschprozesse berücksichtigten, ist es möglich, bei den Lernenden mittels Diagnoseverfahren festzustellen, welche Teile der von der Lehrperson gesteckten Ziele auf welchem Niveau bei den einzelnen Schülern/innen erreicht wurden. Ziel hierbei ist es jedoch nicht, dass Schüler/innen bekannte Zusammenhänge nochmalig bearbeiten, sondern durch einen Transfer von bekannten fachspezifischen Denkwegen (Konzepte und methodische Verfahren) auf unbekannte Situationen ihr Verständnis für Kernbereiche des historischen Denkens offenlegen.

Da auf diese Weise unterschiedliche Niveaus innerhalb einer Lerngruppe sichtbar werden, sollte der Geschichtsunterricht daraus folgernd eine individualisierte bzw. differenzierte Lernumgebung anbieten, um fordern und fördern zu können (vgl. Wenzel 2012b; Kühberger/Windischbauer 2012).

Erhebungsmöglichkeiten

Die Verfahren, die für eine derartige fachspezifische Diagnose zur Anwendung kommen können und dabei die entsprechenden Lernprozesse und/oder die Ergebnisfindung/-begründung der Lernenden dokumentieren (Abb. 4), reichen nach Bodo von Borries von kumulativen Vorlagen, welche Einblicke in den gesamten Lernprozess ermöglichen (Lerntagebücher, Portfolios, Themenmappen o. Ä.), über aktive (schriftliche, mündliche oder bildliche) Präsentationen eines konkreten Analyse- oder Syntheseergebnisses (Referat, Essay, Rezension, Darstellung/Narration), Arbeitsberichte oder Produkte, die im Rahmen eines Projektes erstellt wurden, den Vollzug eines Rollen-, Plan-, Theaterspiels, langfristige Beobachtungen der individuellen und teammäßigen Arbeitsweise bis hin zu der Wahrnehmung von geschichtskulturellen (geschichts-)philosophischen Aktivitäten außerhalb des Klassenzimmers (Borries 2007, 666 f.). Die hier angeführten Zugänge sind zwar weit zeitintensiver als punktuelle Testungen (z. B. Paper-Pencil-Verfahren in Form von Multiple-Choice-Tests), geben jedoch bei einer systematischen Beobachtung unter einer theoriegeleiteten Perspektive gute Einblicke in die Denk- und Lernprozesse der Schüler/innen, um die so gewonnenen Einsichten für die Ausgestaltung von Unterricht nutzbar zu machen.

2.4 Leistungsbewertung

Gleich wie die Leistungsbeurteilung (→ Kapitel 2.5) stellt die Leistungsbewertung ein Gutachten über erbrachte Leistungen dar (Stern 2008, 28 f.). In der Praxis verschwimmen diese beiden Bereiche leider oftmals, weil Schüler/innen (und manchmal auch Lehrer/innen) davon ausgehen, dass ein „+“ als Zeichen der Leistungsbewertung mit einem „Sehr gut“ (i. e. ein Grad der Leistungsbeurteilung) zusammenfallen würde. Dadurch verkommen jedoch laufende Mitarbeitseinträge, wie sie im Rahmen einer kontinuierlichen Beobachtung

Ergebnisbezogene oder prozessbezogene Diagnostik
Dieser Typus „kann primär den erreichten Lernstand bzw. das erreichte Kompetenzniveau reflektieren oder die Fortschritte und Hemmnisse bei der Bewältigung der einzelnen Lernschritte nachzeichnen".
Eine ergebnisbezogene Diagnostik analysiert ein Endprodukt eines Lernprozesses (z.B. ein Referat), während eine prozessbezogene Diagnostik auch den Weg zum Endprodukt in den Blick nimmt (wie dies z.B. über Lerntagebücher möglich ist).

Punktuelle oder kontinuierliche Diagnostik
„Die punktuelle Diagnostik stützt sich auf isolierte Begebenheiten im Fachunterricht [...], während die kontinuierliche Diagnostik hinsichtlich einer längeren und zusammenhängenden Unterrichtssequenz erfolgt."
Eine punktuelle Diagnostik analysiert ein einmaliges Verhalten (z.B. in einem Essay), während einer kontinuierlichen Diagnostik eine konstant angelegte Beobachtung darstellt (z.B. in Portfolios oder zu öfters wiederkehrenden ähnlichen Aufgaben).

Lehrer- oder schülergesteuerte Diagnostik
Wird die Diagnose nicht durch die Lehrperson vorgenommen (lehrergesteuerte Diagnostik), sondern durch die Schüler/innen selbst (schülergesteuerte Diagnostik), indem eben die Lernenden Verfahren der Prozessbeobachtung anwenden, können diese in der Einschätzung von Felix Winter ihr Handeln durchleuchten, erkennen und gegebenenfalls Strategien zur Veränderung anwenden. Dazu können die Instrumentarien von den Schülern/innen selbst zusammengestellt werden oder es werden jene verwendet, die mit der Lehrperson gemeinsam entwickelt wurden.

Abb. 4: Dimensionen der fachdidaktischen Diagnostik (Langner 2007, 61)

der Leistungsentwicklung Sinn machen, zu permanenten Leistungsbeurteilungen.

Einzelteile der Bewertung sichtbar machen

Versucht man jedoch ein Klima der Selbstständigkeit und der Förderung bzw. Forderung aufzubauen, so sollte die Bewertung von Leistungen, die sich in der Regel aus einer Vielzahl von Einzelelementen zusammensetzt (z. B. bei einem Bericht zu einer Gruppenarbeit aus den Elementen „fachliche Plausibilität", „Einbezug von quellenkritischen Aspekten", „Präsentationstechnik", „Sprachhaltung" etc.), nicht auf *ein* Symbol reduziert werden, da damit eine versteckte Leistungsbeurteilung vorgenommen wird und die vielfältigen Teilleistungen, die einem solchen Bericht innewohnen, unbewertet bleiben. Es ist daher als günstig einzustufen, wenn Beurteilungsskalierungen verbal verortet sind (Abb. 14) oder sogar mit klaren verbalen Zuschreibungen arbeiten, wie dies etwa Raster versuchen (Abb. 18).

2.5 Leistungsbeurteilung

Bei der Leistungsbeurteilung werden fachspezifische Kenntnisse und Kompetenzen, welche Lernende im Rahmen von Unterrichtseinheiten erworben haben sollten und die sich in Form von Prozessen und Produkten zeigen, durch eine im Regelschulwesen festgeschriebene Notenskala beurteilt (etwa zwischen „1" und „6" in Deutschland oder mit „Sehr gut"/1, „Gut"/2, „Befriedigend"/3, „Genügend"/4, „Nicht Genügend"/5 in Österreich) (Adamski/Bernhardt 2012, 404). Es wird damit ein Gutachten erstellt, das zwar aus unterschiedlichen kriteriengeleiteten Aspekten zusammengesetzt wird, letztlich jedoch summativ in Form einer Note zum Ausdruck gebracht wird. Die bürokratischen Grundlagen der schulischen Verwaltungseinheiten unterscheiden sich im deutschsprachigen Raum so stark, dass es an dieser Stelle nicht möglich ist, im Rahmen dieser Publikation auf die einzelnen Modelle einzugehen, die es im Geschichtsunterricht eines (Bundes) Landes oder Kantons jeweils zu beachten gilt. Es zählt aber unbestritten zu den Aufgaben einer Geschichtslehrerin/eines Geschichtslehrers im Rahmen der Notengebung zu klären, welche Gewichtung einzelne Teilaspekte der erbrachten Schülerleistungen (u. a. mündliche Einzelbeiträge, Referate, Beteiligung an Diskussionen, Tests) besitzen.

Summative Notengebung

3. Zum Bau von Aufgaben der Leistungsfeststellung

In der didaktischen Auseinandersetzung mit Aufgabenformaten wird grob zwischen jenen unterschieden, die dem Lernprozess dienen (Lernaufgaben) und jenen, die im Rahmen der Leistungsfeststellung Verwendung finden.

Lernaufgaben vs. Aufgaben der Leistungsfeststellung

Lernaufgaben versuchen ein Lernhandeln und eine Lerntätigkeit auszulösen und sind in der Regel Teil einer längerfristigen Unterrichtssequenz, um den Lernenden die Aneignung von fachspezifischem Denken und Handeln über ein zu lösendes Problem zu ermöglichen (Heuer 2011, 447). Aufgaben der Leistungsfeststellung sind hingegen so strukturiert, dass sie versuchen, einen Lern- und Erkenntnisstand im Sinn der Diagnose, Bewertung oder Beurteilung (→ Kapitel 2.1) festzustellen.

In einer grundlegenden Annäherung an die Erstellung von Aufgaben für die Leistungsfeststellung ist es anzuraten, verschiedene Aspekte zu durchdenken, um die gestellte Aufgabe letztlich hinsichtlich ihrer (fach)didaktischen Dimensionierung einschätzen zu können. In der hier gewählten Systematik wird versucht, über die Reflexion der Kompetenzorientierung, der Voraussetzungen, der Wissensdimensionen sowie der Komplexität eine überschaubare Herangehensweise zu bieten (vgl. Abb. 5).

3.1 Reflexion der fachspezifischen Kompetenzen

Ein fachspezifisches Kompetenzmodell heranziehen

Die moderne Fachdidaktik weiß anzugeben, welche fachspezifischen Kompetenzen bei den Schülern/innen anzubahnen sind. Oftmals sind diese auch bereits in den Lehrplänen verankert und erlangen dadurch normativen Charakter. Um Aufgabenformate in Situationen der Leistungsfeststellung im

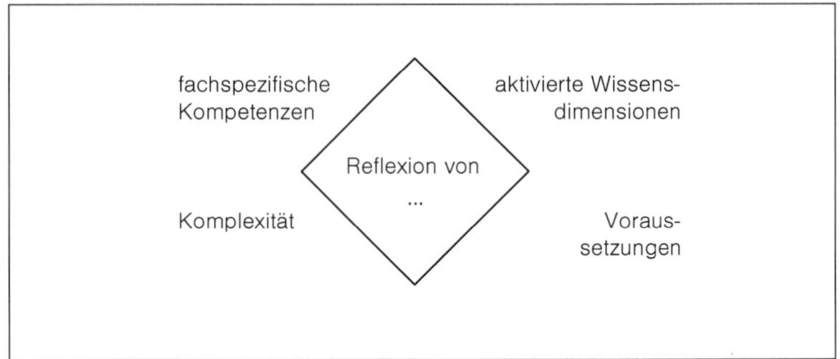

Abb. 5: Reflexionsviereck zu Aufgabenstellungen

schulischen Alltag nicht zu überladen und die Fokussierung der Aufgabe möglichst eindeutig zu gestalten, erscheint es ratsam, die vorrangige Schwerpunktsetzung auf einige wenige Teilkompetenzen eines Kompetenzbereiches zu legen. Auf diese Weise kann einerseits die Übersichtlichkeit gewahrt, andererseits vermieden werden, dass es zu einem – letztlich meist aus zeitlichen Gründen – nur oberflächlichen Bearbeiten der Aufgabe kommt. Um hierfür im Vorfeld der Feststellung die höchstmögliche Transparenz zwischen Lehrenden und Lernenden zu erreichen, ist es zielführend, Kompetenzraster mit konkreten Angaben über erwartete Fähigkeiten und Fertigkeiten (im Idealfall unter Angabe des erwarteten Niveaus) bereits im Rahmen des Unterrichts auszugeben. Aber auch Aufgabenformate, die bewusst komplexere fachliche Zusammenhänge zur Bearbeitung bereitstellen und damit verschiedenste Kompetenzbereiche berühren, sollten transparent anzugeben wissen, welche Leistungserwartungen an die Schüler/innen in welchen Teilbereichen gestellt werden.

3.2 Reflexion der Voraussetzungen

Wie im Lernprozess sollten auch bei der Leistungsfeststellung förderliche und hemmende Faktoren zur Bewältigung der Aufgabenstellung reflektiert werden. In diesen Bereich fallen nicht nur allgemeine pädagogisch-psychologische Strategien zum Aufbau einer angstfreien Situation der Leistungsfeststellung, sondern auch Überlegungen bezüglich der Sicherstellung einer optimalen Bearbeitung der fachlichen Aufgabenstellung. Mögliche Überlegungen könnten dabei u. a. sein:

Voraussetzungen klären

- Liegt tatsächlich eine Transferleistung vor? Gibt es innerhalb der Aufgabe unbekannte und unerwartete Bedingungsgefüge?
- Gibt es einen positiv einzustufenden Lebensweltbezug und/oder eine Alltagsrelevanz (individuelle Erfahrungen, Interessen, Bezüge zu bekannten sozialen Welten oder geschichtskulturellen Erfahrungen etc.)?
- Wird ausreichend Arbeitswissen zur Verfügung gestellt, um den eigentlichen Kern der Aufgabe hinsichtlich eines historischen Denkens erschließen zu können?
- Wird auf ein Weltwissen Bezug genommen? Welches Vorwissen ist für die Bearbeitung der Aufgabe notwendig? (→ vgl. auch Kapitel 3.3)
- Werden durch Fremdwörter oder durch das Fallbeispiel hinsichtlich der beabsichtigten Feststellung Irritationen, Blockaden, Ängste, Verunsicherungen ausgelöst, die es bereits in einem Zusatz zur Aufgabe zu klären gilt (z. B. Hinweis zum erwarteten Umfang, zur Anzahl von anzuführenden Beispielen)? uvm.

3.3 Reflexion der unterschiedlich aktivierten Wissensdimensionen

Waren Lehrer/innen früher dazu aufgefordert, entlang vorwiegend inhaltsorientierter Lehrpläne den dort vorgegebenen Lehrstoff (Inhalte) zu nutzen, um geeignete Unterrichtsziele abzuleiten, lautet die Aufgabe im Zeitalter der Kompetenzorientierung, von den zu erwerbenden fachspezifischen Denkstrukturen und ihrer flexiblen nachhaltigen Anwendbarkeit ausgehend, geeignete Inhalte und Lernwege zu konzipieren und an den Denk- und Wissensstrukturen der Lernenden anzuschließen (Ziener 2008, 29). Damit soll ausgedrückt werden, dass die Dominanz von bestimmten Inhalten – die sich meist aufgrund von kulturellen Prägungen und gesellschaftlichen Horizonten entwickelten – abnimmt. Welche inhaltliche Wissensbestände als zentral für den Unterricht und später eben auch für die Feststellung angesehen werden, hat sich in diesem Licht verändert. Steht nämlich die „Performance" von fachspezifischen Kompetenzen im Mittelpunkt, gewinnt das konzeptionelle und prozedurale Wissen an Bedeutung, während jene Wissensbestände, die man als Daten und Fakten bezeichnen kann, in ihrer Wichtigkeit relativiert werden (Abb. 6). In unserer Wissensgesellschaft ist es nämlich nicht mehr möglich, sich für alle denkbaren Transferfälle, anhand derer man Aufgabenstellungen im Sinn der Kompetenzorientierung entwickeln kann, ein umfassendes und ständig verfügbares Wissen anzueignen. Daher wird es bereits im progressiven Lernprozess darauf ankommen, zentrale erkenntnis- und geschichtstheoretische Konzepte („Basiskonzepte" des historischen Denkens, wie z. B. „Zeit" oder „Quelle") aufzubauen, die flexibel zum Einsatz gebracht werden können.

Stellenwert des Wissens

Waren lange Zeit oftmals auswendig gelernte Daten und die Wiedergabe von im Unterricht vorgestellten Darstellungen der Vergangenheit im Geschichtsunterricht das Minimum einer Leistung, so gelten derartige zu reproduzierende Wissensleistungen (im Einklang mit Bloom) seit längerem als wenig anspruchsvoll und als ungeeignet, um fachspezifische Denkstrukturen sichtbar zu machen, welche gegenwärtig verstärkt als Ziel des Fachunterrichts ausgemacht werden können. Für den Geschichtsunterricht bedeutet dies, dass eben nicht das Wiedergeben von Jahreszahlen, Herrscherdynastien, auswendig gelernten Entwicklungsprozessen oder vorinterpretierten Zusammenhängen für Feststellungen als erstrebenswert gilt, sondern etwa das nachvollziehbare Anwenden von fachspezifischen Methoden (z. B. die kritische Analyse einer historischen Darstellung oder die Diskussion einer Fotografie als historische Quelle im Kontext ihrer Zeit o. Ä.) oder das Anwenden und kritische Prüfen von fachspezifischen Konzepten (z. B. Perspektiven in Darstellungen der Vergangenheit erkennen). Da eine derartige Herangehensweise natürlich nur anhand konkreter Inhalte (Fallbeispiele) möglich ist, gilt es zu überle-

Historisches Denken als Ziel

gen, welches Wissen den Schülern/innen bei Leistungsfeststellungen zur Verfügung gestellt wird (Arbeitswissen), um die intendierten kognitiven Denkleistungen zeigen zu können, ohne bereits im Vorfeld am dafür notwendigen Wissen zum Fallbeispiel *(case-knowledge)* zu scheitern.

Faktenwissen Dabei handelt es sich um leicht abgrenzbare Informationsteile. Es ist jedoch selbst für Expert/inn/en unmöglich, alle Elemente des Faktenwissens zu er- und behalten. Dazu zählen etwa terminologisches Wissen (Fachsprache) sowie das Wissen um Details (z.B. Jahreszahlen, Wachstumsquoten, Verwandtschaftsbeziehungen).	**Konzeptionelles Wissen** Dabei handelt es sich um komplexere und organisierte Wissensformen (Konzepte, Modelle, Theorien etc.). Sie stellen abstrakte Aspekte des Wissens dar. Ein Beispiel dafür ist das Konzept „Revolution". Während das Konzept „Revolution" nur klärt, was eine solche Revolution ausmacht bzw. was allen Revolutionen gemein ist, werden spezielle Umstände nicht geklärt. Wissen um spezielle Revolutionen (z.B. Russische Revolution 1905) und deren konkrete Ausprägungen sind Teil des Faktenwissens.
Prozedurales Wissen Dabei handelt es sich um jenes Wissen, das eine Person benötigt, um fachspezifische Fähigkeiten, Techniken und Methoden ausführen zu können. Dazu zählt etwa das Wissen um Teilschritte einer bestimmten Analysemethode. Gleichzeitig fällt in diesen Bereich auch das Wissen darum, in welchen Fällen welche fachspezifischen Wege genutzt werden sollten.	**Metakognitives Wissen** Dabei handelt es sich um Wissen, das eine Person über ihre eigenen Denk-, Wahrnehmungs- und Verstehensprozesse besitzt. Wer also selbstreflexiv über sein Wissen und dessen Nutzung nachdenken kann, verfügt über diese Art des strategischen Wissens bzw. über ein Wissen über sich selbst.

Abb. 6: Wissenstypen (Kühberger 2009, 53. – vgl. auch Anderson, Lorin W./Krathwohl 2001, 38ff.; für ein fachspezifisches Modell des historischen Wissens vgl. Kühberger 2012a)

3.4 Reflexion der Komplexität

Jede Aufgabe kann prinzipiell auf unterschiedlichen Anspruchsniveaus bearbeitet werden. Wird etwa eine historische Quellenkritik von Schülern/innen, Studierenden oder Geschichtswissenschaftlern/innen durchgeführt, werden diese verschieden dicht bzw. umfassend in die dabei aufzuwerfenden Problematiken eindringen. Dennoch besitzt jede Aufgabe einen spezifischen Komplexitätsgrad. Eine Aufgabe ist dann komplex, wenn zu ihrer Lösung verschiedene Aspekte, welche sich stark voneinander unterscheiden, zu berücksichtigen sind und diese Einzelkomponenten zudem in einer notwendig zu berücksichtigenden Wechselwirkung oder Verflechtung zueinander stehen. In diesem Sinn gilt es „Komplexität“ von „Schwierigkeit“ zu unterscheiden, denn eine schwierige Aufgabe bezeichnet nur eine schwächere Lösungshäufigkeit in Lerngruppen, nicht jedoch den Grad der Komplexität. „Je mehr Gesichtspunkte zu bedenken sind – weil sie mit Informationen, Anregungen etc. in einer angebotenen Aufgabe als relevant übermittelt werden – und je schwieriger ihre Vermittlung miteinander in einer Lösung ist, umso anspruchsvoller ist die [...] Aufgabe.“ (Girmes 2004, 167) Aus diesem Grund ist es von Vorteil, grundlegende Faktoren, die auf den Komplexitätsgrad Einfluss nehmen, bei der Erstellung der Aufgabenformate mit zu berücksichtigen (vgl. Abb. 7).

Komplexität der Aufgabe durchdenken

Auf die Komplexität von Aufgabenformaten der Leistungsfeststellung nehmen verschiedene Dimensionen Einfluss. Vier Bereiche werden hier exemplarisch herausgegriffen: Ein grundlegender Einflussfaktor stellt das zu bearbeitende (a) *Material* dar, entlang dessen eine Leistung erbracht werden soll. Nimmt man die für eine Leistungsfeststellung meist geforderte Transferleistung vom Bekannten auf Unbekanntes ernst, um einen spezifischen Lernstand etwa im Umgang mit bildlichen Quellen zu ermitteln, ist es notwendig, die in Lernphasen angebahnten Fähigkeiten und Fertigkeiten auch anhand von den Lernenden unbekannten bildlichen Quellen festzustellen. Dieses Beispiel verdeutlicht darüber hinaus auch, dass dabei der mit dem (b) *Fallbeispiel* der Arbeitsaufgabe aufgeworfene historische Kontext und die darin zu berücksichtigenden (multifaktoriellen) Zusammenhänge sowie die verschiedenen Wissensdimensionen, insbesondere das benötigte „case knowlege“, eine gewichtige Rolle spielen. Die Komplexität einer Aufgabenstellung wird jedoch darüber

Dimensionen von Komplexität

hinaus auch über die (c) *zu erbringenden Aspekte des fachspezifischen Handelns und Denkens* (zwischen Routine und Transfer) sowie durch die (d) für die Aufgabe *erwartete Qualität der Umsetzung* (Niveau) beeinflusst.

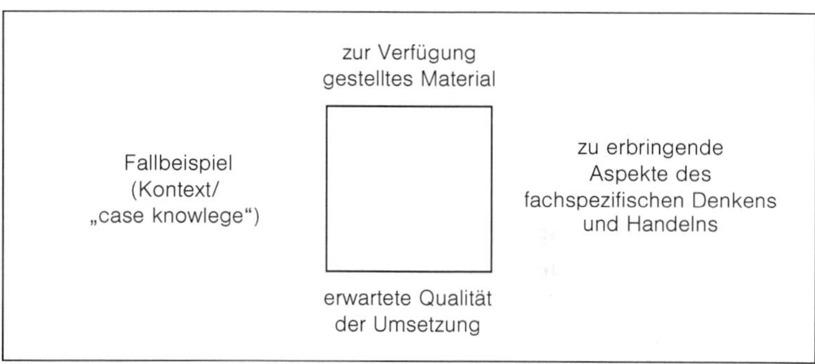

Abb. 7: Komplexitätsfaktoren von Aufgabenformaten

Um Anforderungen von Aufgabenformaten hinsichtlich der erwarteten Komplexität zu lenken und in den Aufgabenformaten eindeutiger zu kommunizieren, kann der Einsatz eines Operatorensystems von Vorteil sein (→ Kapitel 3.5). Das Arbeiten mit Operatoren darf dabei jedoch nicht als isoliertes Instrumentarium außerhalb der anderen hier präsentierten Aspekte der Aufgabenerstellung verstanden werden. Denn über die Komplexität bzw. auch über den Schwierigkeitsgrad einer Aufgabenstellung gibt der Operator nur bedingt Auskunft. Werden Operatoren als strukturierende Elemente der Aufgabengestaltung ernst genommen, sollten jedoch die Lernenden aller Klassenstufen mit allen durch die Operatoren markierten Anforderungsbereichen konfrontiert werden. Es wäre absurd, in irgendeiner Jahrgangsstufe einen reinen Reproduktionstest durchzuführen und dabei jene als schwieriger eingestufte Denkleistungen auf einen späteren Zeitpunkt zu vertagen (Keller 2009, 30). Vielmehr gilt es zu berücksichtigen, dass alle Schüler/innen alle Anforderungsniveaus auf einem je angemessenen Niveau bewältigen können.

3.5 Operatoren als strukturierende Elemente*

Ein vielfach zu beobachtendes Phänomen bei Aufgaben im Zusammenhang mit Leistungsfeststellung stellen unklare Formulierungen in der Aufgabenstellung dar. In ihr wird oft nicht deutlich, was Lernende zu tun haben, um die Aufgabe erfolgreich durchzuführen. Gerade bei mündlichen Formaten, die eine Vorbereitungszeit einräumen, kommt es daher oft zu einem kurzen und/oder oberflächlichen Bearbeiten der Aufgabenstellung (z. B. von W-Fragen: Wer? Was? Wo? etc.). Dies hängt meist damit zusammen, dass die handlungsinitiierenden Verben (Operatoren) unkonkret bleiben, deren Bedeutung nicht zur Gänze verstanden wird oder die Aufgabenstellung nicht durch weitere Parameter (z. B. erwartetes Endprodukt, analytische Durchdringungstiefe, erwarteter methodischer Zugriff) spezifiziert wurde (Wenzel 2007, 78).

Operatoren als Hilfestellung

Operatoren, „verstanden als Verben, die bei den Schülern/innen relativ genau vordefinierte und eintrainierte Handlungsweisen zur Bearbeitung einer gestellten Aufgabe auslösen sollen", versuchen die Kommunikation zwischen Lehrenden und Lernenden zu vereinfachen. Sind allen Beteiligten die Bedeutungen bekannt oder wurden sie sogar gemeinsam erarbeitet, erleichtert dies nicht nur die Eindeutigkeit in den Arbeitsaufgaben, sondern fördert auch die Transparenz im Rahmen von Beurteilungen. Um ein Operatorensystem in Situationen der Leistungsfeststellung sinnvoll zum Einsatz bringen zu können, sollten Schüler/innen und Lehrer/innen es bereits im Vorfeld einer Leistungsfeststellung im Unterricht einüben (Keller 2009, 29). Um Klarheit über die erwarteten Anforderungen einer Aufgabe herzustellen, sollten nicht nur Operatoren zum Einsatz kommen, sondern darüber hinaus in einer spezifizierenden Erklärung die erwarteten Bearbeitungsschritte nochmalig kommuniziert werden (z. B. „Vergleiche die beiden Darstellungen zum Verlauf des Ersten Weltkrieges! Arbeite dazu mindestens zwei Gemeinsamkeiten und zwei Unterschiede heraus, welche im Sachtext und im

* Adaptiert nach: Kühberger 2011c.

Zeitungsartikel hinsichtlich der Kriegsgründe angeboten werden!“).

Um eine im Sinn der Leistungsfeststellung brauchbare Aufgabenstellung zu gestalten, sollten die Lernenden über die darin verwendeten Operatoren dazu aufgefordert werden, ihre Denkprozesse, die zur Bearbeitung der Aufgabe notwendig sind, sprachlich offenzulegen und sich dabei auf fachspezifische Fragen, Ansätze, Konzepte zu beziehen (u. a. Erläuterung von methodischen Schritten, Bezugnahme auf Perspektivität, Gegenwartsbezug, Konstruktionscharakter einer Darstellung etc.). Daher gilt es, Aufgaben zu vermeiden, die nur im Bereich der Reproduktion liegen (z. B. Abfragen von auswendig gelernten Jahreszahlen oder Darstellungen von historischen Verläufen aus dem Schulbuch) (Kühberger 2011, 8).

Denkprozesse offenlegen

Operatoren helfen jedoch nicht nur die von den Prüflingen erwarteten Operationen zu klären, sondern können auch eine Orientierung für die Zuteilung zu einem Leistungsgrad bieten. Aus diesem Grund ist es sinnvoll, eine Leistungssteigerung in Teilaufgaben mittels Operatoren zu gestalten, um etwa den Einstieg in das Thema zu erleichtern (mit den Operatoren des Anforderungsbereichs I) bis hin zu komplexeren und schwierigeren Aufgabenstellungen (mit den Operatoren der Anforderungsbereiche II und III) (vgl. auch Fuchs/Ritzer 2009).

Festzuhalten ist jedoch, „dass sich viele Operatoren einem gewissen Anforderungsbereich zuordnen lassen. Als einfachstes Beispiel gilt der Operator ‚Nenne!‘, mit dem Prüfer/innen nicht über einen relativ einfachen Aufgabentypus hinauskommen. Bei diesem Signal müssen Schüler/innen letztlich nicht mehr tun, als entweder Informationen aus einem vorgegebenen Material zu entnehmen oder blankes Wissen ohne große Wortgewandtheit zu belegen. Wohlgemerkt bedeutet ‚einfache Aufgabe‘ hier nicht, dass alle Schüler/innen auch eine Antwort parat haben werden, dies hängt natürlich vom individuellen Wissensstand oder Fleiß ab. Gemeint ist vielmehr, dass dieser Aufgabentypus per se keine großartigen Denkleistungen einfordert.“ (Keller 2009,

29 f.) Alle derartig ausdifferenzierten Operatorensysteme und ihre Anforderungsprofile lehnen sich (in)direkt an die Bloom'sche Taxonomie an, da ihnen eine praxisorientierte vereinfachte Ausdifferenzierung zwischen einzelnen kognitiven Anforderungen zu Grunde liegt (vgl. Becker 1997, 61 ff.; Bloom 1972, 30 ff.).

Anforderungsbereich I	... umfasst das Wiedergeben von Sachverhalten aus einem abgegrenzten Gebiet und im gelernten Zusammenhang unter rein reproduktivem Benutzen eingeübter Arbeitstechniken.
Anforderungsbereich II	... umfasst das selbstständige Erklären, Bearbeiten und Ordnen bekannter Inhalte und das angemessene Anwenden gelernter Inhalte und Methoden auf andere Sachverhalte.
Anforderungsbereich III	... umfasst den reflexiven Umgang mit neuen Problemstellungen, den eingesetzten Methoden und gewonnenen Erkenntnissen, um zu eigenständigen Begründungen, Folgerungen, Deutungen und Wertungen zu gelangen.

Abb. 8: Anforderungsbereiche (EPA) (EPA 2005, 6; vgl. zu den Anforderungsbereichen auch Wunderer 2007, 678 f.)

Anforderungsbereich I	nennen, aufzählen, bezeichnen, schildern, skizzieren, aufzeigen, beschreiben, zusammenfassen, wiedergeben
Anforderungsbereich II	analysieren, untersuchen, begründen, nachweisen, charakterisieren, einordnen, erklären, erläutern, herausarbeiten, gegenüberstellen, widerlegen
Anforderungsbereich III	beurteilen, bewerten, Stellung nehmen, entwickeln, sich auseinandersetzen, diskutieren, prüfen, überprüfen, vergleichen

Abb. 9: Operatoren EPA (EPA 2005, 6 f.)

Im Gegensatz zum alltäglichen Sprachgebrauch macht es Sinn, zwischen den verschiedenen Bedeutungen der Operatoren präzise zu unterscheiden. Im Zusammenhang mit dem historischen Lernen ist etwa zu beobachten, dass oftmals

Anforderungsbereich I	
(be)nennen	auflisten bzw. aufzählen ohne jede Erklärung/jedes Wissen bzw. angelernte Tatsachen wiedergeben oder Informationen aus beigefügten Materialien herauslesen, ohne diese zu kommentieren (z. B. Nenne mindestens vier totalitäre Diktaturen des 20. Jahrhunderts!).
beschreiben	zentrale Sachverhalte (Kernaussagen, besondere Beispiele, Schwerpunkte etc.) aus (Vor)Wissen oder aus dem zur Verfügung gestellten Material systematisch und logisch möglichst mit eigenen Worten wiedergeben; historische Sachverhalte unter Beibehaltung des Sinnes auf Wesentliches reduzieren (z. B. Beschreibe den Verlauf der Ost-West-Beziehungen zwischen 1945 und 1960!).
zusammenfassen	Sachverhalte aus (Vor)Wissen oder aus dem zur Verfügung gestellten Material unter Beibehaltung des Sinns auf das Wesentliche reduzieren bzw. komprimiert und strukturiert darlegen (z. B. Fasse die Lebensbedingungen der Arbeiter in Essen um 1900 zusammen!).

Anforderungsbereich II	
analysieren	Sachverhalte oder Materialien kriteriengeleitet bzw. aspektgeleitet ergründen, untersuchen und auswerten (z. B. *Analysiere die Grundzüge der nationalsozialistischen Europapolitik anhand der vorliegenden Quellen!).*
erklären	Sachverhalte durch Wissen und Einsichten in einen Zusammenhang (Theorie, Modell, Regel, Gesetz, Funktionszusammenhang) einordnen und begründen (z. B. Erkläre die Entstehung des Nationalsozialismus in Deutschland unter Bezug auf die Totalitarismustheorie!).
einordnen	einen oder mehrere Sachverhalte oder Materialien in einen begründeten Zusammenhang stellen (z. B. *Ordne die bildliche Quelle in die faschistischen Geschlechtervorstellungen ein!).*

Anforderungsbereich III	
beurteilen	innerhalb eines Zusammenhanges den Stellenwert von Aussagen, Behauptungen, Urteilen, Vorschlägen etc. bestimmen, um unter Offenlegung der angewandten Kriterien, unter Verwendung von Fachwissen und Fachmethoden zu einem begründeten Sachurteil zu gelangen (z. B. *Beurteile anhand der Quellen, wie sich das offizielle Österreich in den 1950er Jahren der NS-Vergangenheit stellte*!).
bewerten	in kontroversen Fragen zu Aussagen, Behauptungen, Vorschlägen oder Maßnahmen eine persönliche und damit selbstständige, jedoch auch fachlich argumentierte Stellungnahme abgeben und dabei die Wertmaßstäbe entlang des Grundgesetzes offenlegen (z. B. *Bewerte die von Bruno Kreisky und seinen Regierungen bevorzugten Maßnahmen hinsichtlich des Wirtschaftswachstums*!).
prüfen	Aussagen (Hypothesen, Behauptungen, Urteile) an historischen Sachverhalten auf ihre Angemessenheit hin untersuchen (z. B. *Prüfe, inwiefern die DDR als totalitäres Regime qualifiziert werden kann!).*

Abb. 10: Mögliche Bedeutungen von Operatoren im historischen Lernen (Auswahl) (vgl. EPA 2005, 7 f.; Kühberger 2011)

Besondere Operatoren für das historische Denken

unter den Begriffen „erzählen“, „darstellen“ oder „schildern“ keine besonders schwierigen Operationen gemeint sind und meist nur reproduktive Akte angestoßen werden (Anforderungsbereich I). Aus diesem Grund ist es notwendig, dass den Lernenden deutlich kommuniziert wird, was von ihnen erwartet wird. Im Rahmen des historischen Lernens gelten nämlich selbstständig begründete Darstellungen/Interpretationen bzw. Erzählungen über die Vergangenheit, die entlang von historischen Quellen oder Fachliteratur abwägend vorgenommen werden, als anspruchsvolle Leistungen (Anforderungsbereich III). Um dies zu ermöglichen, müssen den Schülern/innen jedoch auch Materialien (Quellen, Darstellungen) zur Durchführung solcher Operationen zur Verfügung gestellt werden. Operatoren, die nicht eindeutig erkennen lassen, was der Schüler/die Schülerin umzusetzen hat, sollten vermieden (u. a. „auseinandersetzen“, „kommentieren“, „aufzeigen“) oder durch erklärende Ausführungen ergänzt werden.

3.6 Hinweise zum Bau von Aufgaben

Zusammenfassend lassen sich daher vorläufig – mit Blick auch auf das unten entwickelte Beispiel – folgende Aspekte für Aufgabenformate der Leistungsfeststellung erkennen:

a) Jede Aufgabe weiß anhand eines fachspezifischen Kompetenzmodells anzugeben, auf welche Teilaspekte eines Kompetenzbereichs oder mehrerer Kompetenzbereiche sie abzielt.

Quellen und Darstellungen nutzen

b) Die Aufgabe nimmt eindeutig auf fachspezifische Materialien/Textsorten Bezug, die für das Fach typisch sind. Für das historische Lernen sind dies historische Quellen oder Darstellungen der Vergangenheit, mit denen in der Prüfungssituation gearbeitet wird.

c) Die Aufgabenstellung soll die Lernenden auffordern, die mentalen Operationen, die zur Bearbeitung der Aufgabe notwendig sind, sprachlich offenzulegen und sich dabei auf fachspezifische Fragen, Ansätze, Konzepte etc. zu beziehen. Daher gilt es Aufgaben zu vermeiden, die nur im

Bereich der Reproduktion liegen (z. B. Abfragen von auswendig gelernten Wissensbeständen bzw. bekannte Darstellungen von historischen Verläufen). Es geht also letztlich darum, dass die Aufgaben in einer Anbindung an eine *community of practice* ausgestaltet werden, also im Kontext von konventionalisierten Diskursformen und Diskursgenres des historischen Denkens. Auch geschlossene Formate (→ Kapitel 4.1) sollten daher die Möglichkeit bieten, derartige Einblicke zu gewinnen.

Fachspezifisches Sprechen über Geschichte und Vergangenheit

d) Zu jeder Aufgabe sollte es den Lehrenden möglich sein, einen Erwartungshorizont zu definieren, der zu jeder Aufgabe ausgefertigt wird. Die Lösungen zu den Aufgaben können in der Regel nicht eindeutig vorweggenommen werden, da es unterschiedliche Wege gibt, um die Aufgabenstellungen sinnvoll im Rahmen einer fachspezifischen Bearbeitung zu bewältigen. Sollen hingegen etwa bestimmte Facetten aus z. B. einer historischen Darstellung herausgearbeitet werden (z. B. angegebene Gründe für XY oder Bewertungen zu XY), sollte in Erwägung gezogen werden, dass die Schüler/innen auch dann zu einem guten Abschneiden kommen, wenn sie nur eine bestimmte Anzahl von den gesuchten Gründen bzw. Bewertungen herausarbeiten können. Die erwartete Anzahl wird schlussendlich von der Komplexität des zu bearbeitenden Beispiels abhängen. Um die Auswertung der Ergebnisse möglichst effizient und transparent zu gestalten, kann ein Raster für die Aufgabenstellungen entwickelt werden, anhand dessen es ermöglicht wird, verschiedene Teilaspekte der Aufgaben hinsichtlich des Leistungsgrades zu bestimmen. Dabei gilt es etwa zwischen einfachen und schwierigeren Teilaufgaben zu unterscheiden und diese entsprechend zu gewichten sowie mehrdimensionale Aspekte innerhalb einer Aufgabe zu kennzeichnen.

Erwartungshorizonte

e) Um eine Transparenz hinsichtlich der mit der Aufgabe verbundenen Erwartungen gegenüber den Lernenden zu gewährleisten, sollten zum Aufbau der Aufgabenstellung Operatoren verwendet werden. Sie versuchen auf sprachlicher Ebene zu klären, welche Art der Leistung von den

Lernenden erwartet wird. Reine W-Fragen sind daher zu vermeiden oder durch Zusätze hinsichtlich der erwarteten Bearbeitungsart zu spezifizieren. Es geht dabei um das Kommunizieren von eindeutigen und klaren Anforderungen hinsichtlich des erwarteten Umfangs der Bearbeitung und der Durchdringungstiefe der Aufgabe durch die Lernenden. Zudem ermöglichen es Operatoren bei der Konstruktion von Aufgaben darauf zu achten, verschiedene Schwierigkeitsgrade zu positionieren, mit einfacheren Momenten beginnend.

Anforderungen klären

Die Aufgabenstellung ...

- berücksichtigt ein fachspezifisches Kompetenzmodell als Grundlage
- nimmt auf fachspezifische Materialien, die bei der Bearbeitung zu verwenden sind, Bezug (i.e. historische Quellen oder Darstellungen der Vergangenheit)
- beschränkt das Material auf das notwendige Minimum, um damit noch ausreichend fachspezifisch arbeiten zu können und bietet relevante Informationen zur Quelle bzw. zur Darstellung (z.B. Herkunft, Art, Jahr, Autor/in)
- verknüpft die Materialien mit den Aufgaben, ohne die gewählte Thematik zu überdehnen
- bemüht sich um präzise und allgemeinverständliche Formulierungen, ohne Lösungen zu suggerieren
- bietet eine übersichtliche Form (Layout, Kopf, allgemeine Informationen/Arbeitswissen etc.)
- fordert den Lernenden über eindeutige Impulse (Operatoren) auf, bestimmte Leistungen zu zeigen
- fordert den Lernenden auf, seine Gedankengänge zur Bearbeitung offenzulegen oder bietet bei geschlossenen Formaten die Möglichkeit sich an diese anzunähern
- besteht aus verschiedenen aufeinander aufbauenden Bereichen, deren Schwierigkeitsgrad ansteigt und die Möglichkeit bietet, unterschiedliche Niveaus in der Umsetzung zu zeigen
- ist nicht zu komplex und bezieht sich auf Aspekte, die im Unterricht bearbeitet wurden, ohne durch die dabei nötige Vereinfachung sachliche Fehler zu begehen
- berücksichtigt den zur Verfügung stehenden zeitlichen Rahmen der Leistungsfeststellung sowie das Leistungsvermögen der Lerngruppe
- stellt sicher, dass die Aufgaben sprachlich richtig sind
- sollte durch einen Erwartungshorizont für die Lehrperson ergänzt werden

Abb. 11: Checkliste zur Aufgabenerstellung (vgl. dazu auch: Lach/Massing 2006, 94; Borries 1997, 482f.)

4. Tools der punktuellen Leistungsfeststellung gestalten

4.1 Testformate mit geschlossenen Aufgaben

Geschlossene Aufgaben

Geschlossene Formate stellen nicht nur eine Frage oder formulieren eine Aufgabe, sondern liefern eben auch schon Antwortmöglichkeiten.

Leistungsüberprüfungen mit geschlossenen Aufgaben auszugestalten, hat den Vorteil, in relativ kurzer Zeit punktuelle Rückmeldungen zu einem spezifischen – in der Regel eng umrissenen – Lernziel zu erhalten. Damit können nicht nur grundlegende Definitionen, Daten und Fakten (u. a. zentrale Begriffe, Grund- und Orientierungswissen) abgeprüft werden, sondern vor allem auch historische Denkleistungen im kritischen Umgang mit Quellen und Darstellungen.

Multiple-Choice-Aufgaben

Bei der Konstruktion derartiger Testformate gilt es zu beachten, dass die angebotenen Antworten so ausformuliert werden, dass alle Antwortmöglichkeiten *(Multiple-Choice)* in der Testsituation durchaus in Erwägung gezogen werden müssen, um nicht durch ein triviales Ausschlussverfahren oder über Raten die richtige Antwort herausfiltern zu können. Schwieriger werden Multiple-Choice-Fragen durch Aufgabenstellungen mit zwei oder mehr richtigen Lösungen. Idealerweise werden dabei Antwortmöglichkeiten angeboten, welche in ihrer Formulierung von Lernenden aus bekannten empirischen Testungen oder aus der Unterrichtspraxis in einer bestimmten Jahrgangsstufe im Umgang mit den aufgeworfenen Fragen stammen.

Kelte aus den Alpen um 15 v. Ch./Rekonstruktionszeichnung (2012)

Haben Kelten damals tatsächlich so ausgesehen? Prüfe die folgenden Antworten auf ihre Richtigkeit. Kreuze dazu die richtige Antwort an!

- ☐ Ja, Kelten hatten Schnauzbärte und solche Umhänge. Der Zeichner hat den Kelten also so gezeichnet, wie er damals ausgesehen hat.
- ☐ Ja, denn der Zeichner hat sicherlich sehr gut in Büchern nachgeforscht.
- ☐ Nein, niemand kann wissen, wie Kelten damals ausgesehen haben.
- ☐ Nein, es handelt sich nur um einen Versuch des Zeichners einen Kelten von damals abzubilden.

Aufgabenbeispiel 1: Geschlossene Aufgabe (Multiple-Choice)/Geschichtsverständnis

Kelte aus den Alpen um 15 v. Ch./Rekonstruktionszeichnung (2012)

Prüfe die folgenden Aussagen zu der Rekonstruktionszeichnung auf ihre Richtigkeit. Kreuze dazu die richtigen Antworten an!	richtig	falsch
Rekonstruktionszeichnungen können uns ganz genau zeigen, wie Menschen aus der Vergangenheit ausgesehen haben.		
Rekonstruktionszeichnungen lassen sich anhand von historischen Quellen bzw. archäologischen Funden auf ihre Richtigkeit hin überprüfen.		
Über archäologische Funde und Fachliteratur kann der Zeichner herausfinden, wie die Oberbekleidung eines Kelten ungefähr ausgesehen hat.		
Rekonstruktionszeichnungen eignen sich besser als historische Quellen und archäologische Funde, um Aussagen über die Vergangenheit treffen zu können.		
Beim Zeichnen von Rekonstruktionszeichnungen müssen unbekannte Dinge ergänzt werden, um zu einem stimmigen Bild zu gelangen.		
Der Zeichner beeinflusst durch seine Vorstellung von der keltischen Vergangenheit seine eigene Darstellung des Kelten.		

Aufgabenbeispiel 2: Geschlossene Aufgabe (Multiple-Choice)/Triftigkeit

Sallust berichtet über Catilina:
„Lucius Catilina, einer vornehmen Familie entstammend, besaß eine hervorragende körperliche und geistige Veranlagung, aber allerböseste Eigenschaften. Von Jugend an war ihm häuslicher Hader, Mord, Raub, bürgerliche Zwietracht willkommen. Darin bildete er sich in seiner Jugend aus. Sein Körper ertrug Hunger, Kälte, Schlaflosigkeit in ganz unglaublichem Ausmaß. Er war tollkühn, verschlagen, unstet, ein Meister im Heucheln und Ableugnen, ein Mann, gierig nach fremder, verschwenderisch mit eigener Habe, leidenschaftlich, ausreichend beredt, aber zu wenig überlegt. Unersättlich erstrebte er Maßloses, Unglaubliches, Unerreichbares."

Der Quellentext erlaubt einen Schluss darüber, wie der Verfasser die Taten und den Charakter des beschriebenen Politikers beurteilt. Welcher Schluss trifft zu? Setze dich dazu mit der Quelle und den Antwortmöglichkeiten unten auseinander. Kreuze anschließend die überzeugendste Aussage an.

Der Verfasser ...
(a) betont ausdrücklich seine negative Meinung.
(b) lässt seine negative Meinung durch die Art der Erzählung anklingen.
(c) enthält sich einer Meinung oder wägt verschiedene Möglichkeiten ab.
(d) lässt seine positive Meinung durch die Art der Erzählung anklingen.
(e) betont ausdrücklich seine positive Meinung.

Aufgabenbeispiel 3: Geschlossene Aufgabe (Multiple-Choice)/Perspektivität erkennen (leicht verändert nach: Borries 1973, 164)

Gleichzeitig gilt es jedoch zu bedenken, dass derartige Testformate individuelle Denkleistungen der Schüler/innen, die etwa unter oder über dem Niveau der angebotenen Antwort liegen, damit nicht erfassbar sind. Es steht nämlich vielmehr die effiziente Erhebung im Vordergrund, welche standardisiert über vorgegebene Antwortkategorien abläuft. Damit verschiebt sich der Zeitaufwand für die Lehrperson im Vergleich zu offenen Formaten, welche im Anschluss korrigiert werden müssen, in den Bereich der Vorbereitung derartiger Formate.

Zu den geschlossenen Formaten zählen auch Richtig-Falsch-Aufgabenformate und Zuordnungsaufgaben (z. B. Lückentexte mit Antwortvorgaben), wobei derartige Zugänge hinsichtlich der zu erbringenden fachspezifischen Denkleistungen meist relativ eingeschränkt sind (Wiedererkennen, Reproduzieren, Kombinieren, Schließen etc.). Damit geschlossene Aufgaben aber nicht nur in einem sehr eingeschränkten

Spektrum Fakten- und Begriffswissen abfragen, sondern auch anspruchsvollere Fähigkeiten, welche zum Teil auch als Indikatoren für fachspezifische Kompetenzen berücksichtigt werden können, gilt es Formate zu entwickeln, welche die Anwendung und den Transfer von Wissen berücksichtigen oder zumindest ansatzweise in den Bereich der Begründungen, Folgerungen, Deutungen und Wertungen vordringen (vgl. Adamski/Bernhardt 2012, 422; Adamski 2003c, 12).

4.2 Testformate mit halboffenen Aufgaben

Halboffene Aufgaben

Halboffene Testformate stellen im Gegensatz zu geschlossenen Aufgaben keine fixen Antwortmöglichkeiten zur Verfügung, sondern die Schüler/innen müssen ihre eigene Antwort aus-

Im Familiengesetzbuch der Deutschen Demokratischen Republik vom 20. Dezember 1965 steht unter § 10:
„Beide Ehegatten tragen ihren Anteil an der Erziehung und Pflege der Kinder und der Führung des Haushalts. Die Beziehungen der Ehegatten zueinander sind so zu gestalten, dass die Frau ihre berufliche und gesellschaftliche Tätigkeit mit der Mutterschaft vereinbaren kann."*

Beurteile den Auszug aus dem Familiengesetzbuch: Welchen Aussagen kannst du zustimmen? Welche lehnst du ab? Setze ein Kreuz und begründe deine Sichtweise in vollständigen Sätzen!

Es ist eindeutig, dass die Frauen und Männer in der DDR ein gleichberechtigtes Familien- und Berufsleben führten.	Ich stimme der Aussage zu!	Ich bin unentschieden!	Ich lehne die Aussage ab!
	☐	☐	☐

Meine Begründung:

In der DDR wurde besonderer Wert auf Gleichberechtigung der Geschlechter gelegt	Ich stimme der Aussage zu!	Ich bin unentschieden!	Ich lehne die Aussage ab!
	☐	☐	☐

Meine Begründung:

* Zitiert nach S. Handro: Alltagsgeschichte – Alltag, Arbeit, Politik und Kultur in SBZ und DDR, Schwalbach/Ts. 2004, S. 71.

Aufgabenbeispiel 4: Halboffene Aufgabe/Aussagewert einer Quelle erkennen

Die Historiker Ebner und Vocelka beschreiben in einem Buch über die gesellschaftliche Situation im Jahr 1968 in Österreich auch die Situation außerhalb des Landes:

„Die Studentenrevolte außerhalb Österreichs
Generationenkonflikte gibt es vermutlich, solange es Menschen gibt, doch der Unterschied zwischen den Verhaltensweisen der Generationen war selten so groß wie in der zweiten Hälfte des 20. Jahrhunderts – vor dem Hintergrund neuer Kommunikationstechniken und der Intensivierung der weltweiten Beziehungen in Wirtschaft und Politik, die ebenso plötzlich und unvorstellbar gewaltig die Gesellschaft veränderten. Unter verschiedenen Namen kam es nach 1945 zu einer Bewegung der Jugend, die gegen die Konsum- und Konkurrenzgesellschaft der Kriegsgenerationen auftrat. Allerdings haben sie sich als Gruppen am Rande der Gesellschaft etabliert, sie wollten nicht die gesamte Gesellschaft revolutionieren und verändern. Diese Gruppen wurden je nach Land Provos, Beatniks, Halbstarke, Teddyboys, Blousons noirs, Raggare, Stiljagi oder Mangupi genannt. Besonders in den Vereinigten Staaten entwickelte sich eine spezifische Jugendkultur, nämlich die Hippiebewegung. Sie stellt einen wichtigen Vorläufer der Studentenbewegung von 1968 dar. Mit Slogans wie „Es ist verboten, zu verbieten" oder „Macht Liebe, nicht Krieg" („make love, not war") traten diese Jugendlichen ein für ein Leben frei von Zwängen der bürgerlichen Gesellschaft. Zum Lebensstil dieser Flower-Power-Generation gehörten nicht nur Blumen im Haar, sondern auch Haschisch und die Musik der Beatles und Rolling Stones. Den Höhepunkt dieser Bewegung markierte die Zeit von 1967, dem Summer of Love der Blumenkinder in San Francisco, bis zum August 1969, dem legendären Popmusik-Festival in Woodstock, das 500 000 junge Menschen friedlich vereinte und gleichzeitig auch schon den Herbst der Flower-Power-Ära markierte. Bei einem Rolling-Stones-Konzert in Altamont/San Francisco wenig später traten die Hell's Angels als Ordner auf und erstachen einen afro-amerikanischen Jugendlichen – der Wind hatte sich gedreht.
Die Infragestellung des Althergebrachten und der Autoritäten (Staat, Kirche, Eltern) war ein wesentliches Element dieser Aussteiger. [...]
Wesentliche Aufbrüche dieser Generation betrafen Dinge, deren Dramatik uns heute unverständlich geworden ist. Man muss sich die puritanisch-konventionelle Welt der Elterngeneration ausmalen, um den Schock zu verstehen, den die innovative Verwendung der Fäkal- und Genitalsprache auslöste. Ermöglicht durch die Pille, wurde der Geschlechtsverkehr von den jungen Menschen als elementares Grundrecht angesehen – etwas, womit die Eltern in ihrer anerzogenen und sehr oft heuchlerischen Moral nicht umgehen konnten. Die Gleichsetzung politischer und sexueller Befreiung sollte zu einem Charakteristikum der Revolution von 1968 werden. Ihr Erfolg lässt sich daran ermessen, dass wir heute emotional nicht mehr recht nachvollziehen können, worin die Provokation mancher Aktionen dieser Zeit eigentlich lag."*
Was wollten die Autoren ausdrücken? Kreuze an und begründe dein Urteil mithilfe der Darstellung. Arbeite dazu auch Belege aus dem Text heraus!

Die späten 1960er Jahre sind nach Ebner/Vocelka Zeiten des Stillstandes.	Ich stimme der Aussage zu!	Ich lehne die Aussage ab!
	☐	☐
Meine Begründung:		

Die junge Generation und ihr Verhalten wird von Ebner/Vocelka als unmoralisch bewertet.	Ich stimme der Aussage zu!	Ich lehne die Aussage ab!
	□	□
Meine Begründung:		

Die Darstellung von Ebner/Vocelka stellt einen klaren Bezug zu historischen Quellen her.	Ich stimme der Aussage zu!	Ich lehne die Aussage ab!
	□	□
Meine Begründung:		

Die Autoren stellen die Veränderungen nüchtern dar.	Ich stimme der Aussage zu!	Ich lehne die Aussage ab!
	□	□
Meine Begründung:		

* Ausschnitt aus P. Ebner/K. Vocelka: Die zahme Revolution. '68 und was davon blieb. Wien 1998, 26-27.

Aufgabenbeispiel 5: Halboffene Aufgabe/Historische Sinnbildungsmuster und Bewertungen in Darstellungen erkennen sowie Quellenbelege prüfen

formulieren. Die durch die Lernenden je selbstständig zu erstellende Antwort kann dabei von einem Wort (z. B. ein Lückentext) bis hin zu kurzen Argumentationen entlang der zur Verfügung gestellten Materialien reichen. Was in der Testsituation erwartet wird, wird in der Aufgabenstellung ausformuliert.

Eine Variante des halboffenen Formates stellen Aufgaben dar, welche zu einem fachspezifischen Material eine Feststellung treffen. Die Lernenden werden im Zusammenhang mit dieser Feststellung aufgefordert, sich zu entscheiden, ob sie dieser Feststellung zustimmen oder nicht. Der zentrale Aspekt dieses Formats stellt jedoch die dazu je eingeforderte Begründung dar, über die man im Regelfall in die Denkstrukturen der Lernenden eindringen kann (vgl. Windischbauer 2009, 22).

Darüber hinaus werden unter halboffenen Aufgaben auch jene Formate verstanden, welche neben einigen vorgegebenen Antwortmöglichkeiten einen zusätzlichen Spielraum für eigene Antwortmöglichkeiten bieten.

Welches der folgenden Dinge ist eine schriftliche Quelle? Kreuze die schriftlichen Quellen an. Falls dir weitere schriftliche Quellen bekannt sind, zähle diese auf!

- ☐ Brief
- ☐ Ausdruck eines E-Mails
- ☐ Büste
- ☐ Zeitungsartikel
- ☐ Historienbild
- ☐ Fotographie
- ☐ Urkunde

Weitere schriftliche Quellen: ....

Aufgabenbeispiel 6: Halboffene Aufgabe/Gattungskunde

4.3 Testformate mit offenen Aufgaben

Offene Aufgaben

Leistungsüberprüfungen mit offenen Aufgaben auszugestalten hat den Vorteil, den Lernenden einen großen individuellen Freiraum bei der Bearbeitung der Aufgaben einzuräumen. Es werden hauptsächlich Leitfragen gestellt, die bei ausreichender Begründung durch die Lernenden individuelle Beantwortungen zulassen, die in vielen Fällen aber auch nicht zur Gänze antizipierbar sind. Werden dabei bestimmte Dinge erwartet (z. B. Verwendung von bestimmten Methoden, Kategorien o. Ä.), muss dies in der Aufgabenstellung explizit vermerkt werden. Letztlich ist es jedoch das Ziel derartiger Aufgabenformate, Einsichten in das komplexe Zusammenspiel verschiedener (über)fachlicher Kompetenzen zu erreichen.

Im Gegensatz zu geschlossenen Formaten, welche stärker lenkend eingreifen, werden von den Schülern/innen auf diese Weise selbstständig artikulierte und begründete Denkwege eingefordert. Es gilt bei der Auswertung darauf zu achten, inwieweit die festgelegten Sachkriterien erreicht wurden, um sich nicht von den unterschiedlichen sprachlichen Umsetzungen blenden zu lassen.

Eine klassische Variante einer offenen Aufgabenstellung ist eine Quelleninterpretation zu einem bereits im Unterricht erarbeiteten historischen Kontext. Aber auch der Vergleich von Darstellungen über die Vergangenheit und eine sich daraus ergebende Kontroversität ist für offene Formate als günstig einzustufen.

Durch den Fokus auf Grundkonzepte des historischen Denkens (u. a. Perspektivität, Retrospektivität, Selektivität, Konstruktivität) wird es ermöglicht, dass Grundmuster der fachspezifischen Auseinandersetzung mit Geschichte und Vergangenheit als leitende Prinzipien zum Aufbau von Aufgabenformaten herangezogen werden, die einen fachlich systematischen Einblick in die Leistung der Schüler/innen geben (vgl. Völkel 2007).

Für die Auswertung und Interpretation einer derartigen Quellenarbeit, welche sich auf eine einzelne Quelle bezieht, ist es sinnvoll, entlang von fachlich gesteckten Zielen den Schülern/innen ein Feedback zu geben.

Abfassen von Essays

Als eine Sonderform von offenen Arbeitsaufgaben kann das Abfassen eines Essays verstanden werden. Es handelt sich dabei um ein offenes Testformat, in dem die Lernenden eine kurze Abhandlung zu einem eng umgrenzten Thema abfassen und dabei auf gebotene Quellen bzw. Darstellungen zurückgreifen sowie eigene Argumentationen bzw. Kontextualisierungen präsentieren. Den Schülern/innen werden dazu möglichst eindeutige formale Vorgaben gemacht (u. a. Länge, Aufbau, Mindestanzahl an Argumenten). Bei Essays wird die reine Reproduktion von Daten und Fakten eindeutig überwunden. Es müssen Perspektiven eingenommen, Probleme diskutiert, Sach- und Werturteile getroffen und methodische Vorgangsweisen offengelegt werden. Es handelt sich dabei um ein Format, welches die eigenständigen Denkleistungen der Lernenden sehr stark herausfordert (Gorsch 2003, 211).

Im November 1095 fand in der französischen Stadt Clermont eine Kirchenversammlung statt. An ihr nahmen viele Kardinäle, Bischöfe und Äbte aus ganz Europa teil. Auch eine Gesandtschaft des byzantinischen Kaisers war anwesend. Bereits vor dem Treffen war bekannt, dass Papst Urban II. eine für die gesamte Christenheit wichtige Ankündigung machen möchte. Dies zog auch eine Menge an Schaulustigen nach Clermont. Da in der Kirche nicht genügend Platz für alle war, sprach Papst Urban II. vor einem Stadttor zu der Menschenmenge.
Robert von Reims, ein Mönch, war Augenzeuge dieser Rede vom 27. November 1095 auf dem Konzil von Clermont. Er schrieb die Rede erst im Jahr 1107 nieder.

> „Ihr Volk der Franken, ihr Volk nördlich der Alpen, ihr seid, wie eure vielen Tage zeigen, Gottes geliebtes und auserwähltes Volk. [...] An euch richtet sich unsere Rede [...]; sie betrifft euch und alle Gläubigen. Aus dem Land von Jerusalem und der Stadt Konstantinopel kam schlimme Nachricht.
> [...] Ein fremdes Volk, ein ganz gottloses Volk, eine gefühllose Brut hat die Länder der dortigen Christen besetzt, durch Mord, Raub und Brand entvölkert und die Gefangenen teils in sein Land verschleppt, teils elend umgebracht. Es hat die Kirchen Gottes zerstört, die Altäre mit Schmutz befleckt und umgestürzt. [...] Niemand anders als ihr hat die Aufgabe, diese Schmach zu rächen, dieses Land zu befreien. [...] Wenn euch die Liebe zu euren Kindern und Frauen davon abhält, bedenkt, was Gott im Evangelium sagt: Jeder, der Frau und Kinder um Gottes willen verlässt, bekommt hundertfachen Lohn und ewiges Leben. [...] Euer Land hier ist eng und dicht bevölkert. Es liefert keinen Wohlstand und den Bauern kaum genug Nahrung. Daher kommt es, dass ihr euch gegenseitig bekämpft und tötet. Hört auf damit, tretet den Weg zum heiligen Grab an. Nehmt dem gottlosen Volk das Land weg und macht es euch untertan. Jerusalem ist der Mittelpunkt der Erde, das fruchtbarste aller Länder. Jerusalem sehnt sich danach, dass ihr es befreit. [...] Macht euch also auf den Weg. Eure Sünden werden euch vergeben sein, ewiger Ruhm im Himmel ist euch gewiss."*

Aufgaben:

1) Nenne den Grund, warum der Papst diese Rede hielt.
2) Beurteile die Bedeutung eines derartigen Aufrufes eines Papstes im Mittelalter. Erkläre dabei auch die Stellung des Papstes im Mittelalter in groben Zügen und verbinde dies mit den Intentionen der Rede!
3) Vergleiche die Darstellung der Muslime und der Franken in der Rede hinsichtlich ihrer Bewertungen und belege die gewonnenen Einsichten anhand von Quellenzitaten.
4) Robert von Reims schreibt die Rede erst zwölf Jahre später nieder. Wie ist der „Quellenwert" einzuschätzen? Erörtere, welche Probleme es hinsichtlich der Glaubwürdigkeit der Quelle geben könnte!

*Zitiert nach: G. Tate: Die Kreuzritter, Ravensburg 1994, S. 173 (Übers.: Patrick Brauns) – Fundort: Kümper, Hiram/Pastors, Michaela: Mittelalter. (Fundus – Quellen für den Geschichtsunterricht) Schwalbach/Ts. 2009[2]. S. 145f.

Aufgabenbeispiel 7: Offene Aufgabenstellung/Teile der Quelleninterpretation (vgl. Kühberger 2011b, 29)

	Allgemeine Quellenbestimmung
	Richtige Bestimmung der Herkunft und richtige Datierung der Quelle.
	Richtige Datierung der Quelle. Die Herkunft der Quelle wird nicht thematisiert.
	Die Bestimmung der Quelle wird nur durch deren Namen vorgenommen.
	Die Quelle wird nicht oder falsch bestimmt.

	Bestimmung der Urheberschaft der Quelle
	Die Quelle wird dem richtigen Urheber/der richtigen Urheberin zugeschrieben und der Urheber/die Urheberin wird als solche/r berücksichtigt.
	Es wird nur der Urheber/die Urheberin vermerkt.
	Der Urheber/die Urheberin wird falsch identifiziert.
	Der Urheber/die Urheberin der Quelle wird ignoriert.

	Beurteilung der Perspektive
	Klare Darstellung der Perspektive des Urhebers/der Urheberin unter Einbeziehung von kontextabhängigen Hinweisen, welche aus der Quelle abgeleitet werden.
	Die Perspektive des Urhebers/der Urheberin wird beschrieben, aber ohne jeglichen Hinweis auf den aus der Quelle ableitbaren Kontext.
	Eine Perspektive wird angeführt, doch es werden dabei Details übersehen und/oder der Urheber/die Urheberin falsch interpretiert.
	Die Beurteilung der Perspektive, die der Urheber/die Urheberin einnimmt, wird ignoriert.

	Kontextualisierung der Quelle
	Erklärt den historischen Kontext der Quelle; Kommentare verdeutlichen die Selbstreflexion dieser Kontextualisierung; die Zeitgebundenheit der Quelle wird berücksichtigt.
	Bei der Kontextualisierung der Quelle werden vergangene und gegenwärtige Perspektiven auf sie vermischt.
	Es findet nur eine gegenwärtige Beurteilung der Quelle statt, als ob an die Vergangenheit heutige normative Standards anzulegen wären.
	Keine Rückbindung der Quelle an den historischen Kontext, da der Entstehungszusammenhang nicht als notwendig erscheint.

	Quellenaussage im Bezug auf die Fragestellung
	Die Aussagen werden entlang der Fragestellung erstellt.
	Die Aussagen werden im überwiegenden Teil entlang der Fragestellung erstellt. Eine Schärfung der Aussagen ist jedoch notwendig.
	Die Aussagen werden entlang der Fragestellung erstellt, doch die Quelle lässt die Aussagen nicht zu („Vetorecht der Quelle“).
	Die Mehrheit der Aussagen können nicht entlang der Fragestellung erstellt werden.

Abb. 12: Mögliche Kriterien zur Beurteilung einer Erschließung einer Quelleninterpretation (adaptiert und erweitert nach VanSledright 2014, 94)

Essays erlauben es, verstärkt Vorstellungen und konzeptionelle Zugänge der Schüler/innen kennenzulernen. Dabei werden „prior conceptions" (Vor-Konzepte) ebenso sichtbar wie besondere Leistungen. Es erhöht nämlich „wesentlich den diagnostischen Wert, daß die Schüler sich selbst äußern, nicht nur zu Formulierungen des Lehrers Stellung nehmen." (Borries 1973, 129) Als ein möglicher Zugang sind dabei eingeschränkte Rekonstruktionen auf einer Quellenbasis, vielleicht auch unter Einbeziehung von kurzen Darstellungen, zu nennen.

Gleichzeitig gilt es jedoch auch im Sinn der offenen Aufgabenstellungen an andere Formate des produktiven fachspezifischen Sprachhandelns zu erinnern, wie das begründete Umerzählen einer Darstellung aus einer neuen oder vorgegebenen Perspektive, das kritische Hinterfragen von Darstellungen über die Vergangenheit hinsichtlich deren Quellenbasis oder der Intentionen des Autors/der Autorin o. Ä. (vgl. Adamski/Bernhardt 2012, 424; Pandel 2010, 161 ff.).

Die Auswertung derartiger Aufgabenformate ähnelt vordergründig den Zugängen der Sprachendidaktik, da dabei ja letztlich Verschriftlichungen bearbeitet werden. Es gilt daher aus der Perspektive des Geschichtsunterrichts darauf zu achten, dass fachspezifische Aspekte in den Mittelpunkt des Feedbacks gestellt werden. Demnach sollten dabei Bereiche identifiziert werden, die den Lehrenden helfen, die schriftliche Bearbeitung der Aufgaben hinsichtlich des darin ausgebreiteten historischen Denkens der Lernenden zu verstehen (Abb. 12). Ein kriteriales und kategoriales Verorten der von den Schülern/innen zu erreichenden Ziele soll dabei helfen, dass nicht allgemeine, also in allen Unterrichtsfächern anzustrebende Ziele (Ausdruck, Kohärenz, Rechtschreibung etc.) die fachspezifische Auseinandersetzung abdrängen.

Open-Book-Tests

Im Zusammenhang mit Formaten, welche kompetenzorientiert angelegt sind, erscheint es auch als produktiv, Open-Book-Tests anzubieten. Ist es im Rahmen der schulischen Vorschriften möglich, Hilfsmittel bei Tests für die Beurteilung zuzulassen (u. a. Schulbücher, Sachbücher, Nutzung des Internets), könnte eine offene Aufgabenstellung, welche ein

Welches Idealbild der „deutschen Familie“ verbreiteten die Nationalsozialisten und wie bettete sich dieses in die NS-Politik ein? Analysiere dazu die zur Verfügung gestellten Quellen entlang der Fragestellung und ordne sie in die nationalsozialistische Ideologie ein. Erstelle ein Essay im Umfang von mindestens 300 Wörtern und beantworte dabei die Fragestellung!

Quelle 1: Propagandabild mit Unterschrift

Aus: Der Ostmarkbrief, Wien/Oktober 1938/ 4. Folge, S. 33.

Quelle 2:

Gesetz zur Vereinheitlichung des Rechts der Eheschließung und der Ehescheidung im Lande Österreich und im übrigen Reichsgebiet (Ehegesetz) vom 6. Juli 1938 (RGBl. I S. 807):

„**B. Eheverbote** [...]

§ 4 Blutsverschiedenheit
Das Verbot von Eheschließungen zwischen Staatsangehörigen deutschen und artverwandten Blutes und Personen artfremden Blutes und die Wirkungen dieses Verbots bestimmen sich ausschließlich nach dem Gesetz zum Schutze des deutschen Blutes und der deutschen Ehre vom 15. September 1935 (Reichsgesetzbl. I S. 1146) und den zu diesem Gesetz ergangenen Durchführungsverordnungen.

§ 5 Mangel der Ehetauglichkeit
Das Verbot von Eheschließungen, die aus Gründen der Volksgesundheit unerwünscht sind, und die Wirkungen dieses Verbots bestimmen sich ausschließlich nach dem Gesetz zum Schutze der Erbgesundheit des deutschen Volkes (Ehegesundheitsgesetz) vom 18. Oktober 1935 (Reichsgesetzbl. I S. 1246) und den zu diesem Gesetz ergangenen Durchführungsverordnungen.“

Zitiert nach: http://edoc.hu-berlin.de/dissertationen/engelhardt-sabine-2004-07-29/HTML/N128E4.html#N12A8E

Quelle 3:

„Die Familie ist eine Lebensgemeinschaft, aber eine Lebensgemeinschaft besonderer Art. Sie ist Lebensgemeinschaft innerhalb der natürlichen Ordnung, innerhalb der naturhaften Schicht des Geschehens. Sie ist Lebensgemeinschaft, die auf Blutsgemeinschaft beruht, sie ist Lebensgemeinschaft und Blutsgemeinschaft zugleich. In dieser innigen Verbindung und Durchdringung liegt die Einmaligkeit und Einzigartigkeit der Familie. [...] Familie ist die natürlichste, unmittelbarste und innigste Gemeinschaft.“

Becker, Horst: Die Familie. Bücher zur deutschen Volkskunde. Leipzig 1935, S. 38.

Aufgabenbeispiel 8: Offene Aufgabenstellung (Essay)/eigene Darstellungen erstellen

Quellenbelege	
	Bezug zu ganz konkreten Quellen ist gegeben; Quellen werden nachvollziehbar (z.B. mit Titel, Dokument 1, Autor/in) zitiert.
	Bezug zu Quellen ist gegeben; Quellen werden jedoch nicht durchgängig nachvollziehbar (z.B. mit Titel, Dokument 1, Autor/in) zitiert.
	Allgemeine Anspielungen auf Belege, die jedoch nur von einer Quelle stammen; andere Quellen werden ignoriert und nicht mit der gebotenen Interpretation in Verbindung gesetzt.
	Es werden keine Quellenbelege angeführt, obwohl eine Interpretation angeboten wird.
	Es werden keine Quellenbelege angeführt, als ob diese nicht in den Quellen existieren würden.

Berücksichtigung der Perspektivität von Quellen	
	Vergleicht verschiedene Perspektiven in den Quellen und stellt sie gegenüber, um zu einer Interpretation zu gelangen.
	Vergleicht verschiedene Perspektiven in den Quellen und stellt sie gegenüber, um zu einer Interpretation zu gelangen. Dies gelingt jedoch nicht durchgängig und klar.
	(Indirekte) Anspielungen auf vergleichende/kontrastierende Perspektiven in den Quellen, einige Perspektiven aus den Quellen werden dabei jedoch ignoriert.
	Aufgrund von einseitigen und grob vereinfachten Interpretation kann kein Beleg für die Berücksichtigung von perspektivisch ausgerichteten Quellen festgestellt werden.
	Es kann kein Beleg für die Berücksichtigung von perspektivisch ausgerichteten Quellen festgestellt werden, als ob in den Quellen verschiedene Perspektiven nicht vorhanden wären/existieren würden.

Beurteilung des Quellenwerts	
	Eindeutig kommunizierte Beurteilung der Qualität/Verlässlichkeit von konkreten Quellen, um eine Interpretation zu erlangen.
	Gelegentliche Beurteilung der Qualität/Verlässlichkeit der Quellen. Dies gelingt jedoch nicht durchgängig und klar.
	Es wird/werden nur jene Quelle/n beurteilt, die in eigentümlichen Interpretationen verwendet werden.
	Es wird keine Beurteilung der Quellen vorgenommen; es wird jedoch eine eigentümliche und einseitige Interpretation vorgenommen.
	Es wird keine Beurteilung der Quellen vorgenommen, als ob dies nicht notwendig wäre, weil eine These aufzustellen oder eine Interpretation vorzunehmen als unmöglich oder zu schwierig erachtet wird.

Kontextualisierung der Quellen	
	Der historische Kontext der Quellen wird berücksichtigt und Kommentare verdeutlichen die Selbstreflexion dieser Kontextualisierung; die Zeitgebundenheit der Quelle wird berücksichtigt.
	Der historische Kontext der Quellen wird berücksichtigt; die Zeitgebundenheit der Quelle wird berücksichtigt.
	Bei der Kontextualisierung der Quellen werden vergangene und gegenwärtige Perspektiven auf sie vermischt.
	Es findet nur eine gegenwärtige Kontextualisierung der Quellen statt, als ob die Quellen erst gerade gestern entstanden wären und gegenwärtige normative Standards gelten würden.
	Keine Rückbindung der Quellen an den historischen Kontext, da der Entstehungszusammenhang nicht als notwendig erscheint.

Quellensprache und Fachsprache	
	Eine differenzierte Sprachhaltung zwischen einer gekennzeichneten Quellensprache und einer den Gegenstand reflektierenden Fachsprache ist gegeben.
	Die Quellensprache ist im überwiegenden Teil gekennzeichnet und von der verwendeten Fachsprache zu unterscheiden.
	Die Quellensprache wird unsystematisch und nur punktuell gekennzeichnet.
	Die Quellensprache und die Fachsprache stehen undifferenziert und nicht explizit erkennbar gemacht nebeneinander.
	Es findet nur die Quellensprache Verwendung.

Sprachliche Marker	
	Sprachliche Formulierungen werden so gewählt, dass zwischen belegbaren Momenten, getätigten Schlussfolgerungen und hypothetischen Annahmen unterschieden werde kann.
	Im überwiegenden Teil werden sprachliche Formulierungen verwendet, die Tatsachenbehauptungen, Schlussfolgerungen und Vermutungen voneinander trennen.
	Es wird zwar sprachlich differenziert mit Erkenntnissen der Quellenarbeit umgegangen, dennoch werden Tatsachenaussagen davon abgeleitet.
	Es wird sprachlich undifferenziert bzw. willkürlich mit Tatsachenbehauptungen, Schlussfolgerungen und Vermutungen umgegangen.
	Es werden Tatsachen behautet. Es ist keine sprachliche Senibilität gegenüber den möglichen Erkenntnissen aus der Quellenarbeit erkennbar.

Abb. 12: Mögliche Kriterien zur Beurteilung einer Erschließung einer Quelleninterpretation (adaptiert und erweitert nach VanSledright 2014, 94)

tatsächliches selbstständiges Erarbeiten von Interpretationen oder Zusammenhängen einfordert, formuliert werden. Open-Book-Tests haben den Vorteil, dass vorbereitete Schüler/innen Daten- und Faktenwissen zu sämtlichen bearbeiteten Fällen zeitsparend abrufen und sich bei der Bearbeitung der Aufgabe auf kognitiv anspruchsvollere Aspekte konzentrieren können. Werden in den Aufgabenstellungen etwa kritische Fragen an historische Quellen gestellt oder historische Narrationen hinterfragt, ist es überdies äußerst unwahrscheinlich, dass Schüler/innen in Testsituationen dazu gezielte Antworten in den Lernunterlagen oder etwa im Internet finden. Damit wird deutlich, dass es eine Intention von Open-Book-Tests ist, Transfersituationen zur Anwendung von bereits vertrauten Methoden oder kategorialen Einsichten zu schaffen, die durchaus eigener Denkansätze und Modellierungen bedürfen.

Hans-Joachim König urteilt über die spanische Eroberung des Aztekenreiches folgendermaßen:

> „Die von Cortés beschworene Befreiung von der Tyrannei des Moctezuma hatte zumindest zu seinen Lebzeiten für die Azteken, für die überlebenden indianischen Bewohner Neu-Spaniens, noch keine sichtbaren Früchte getragen. Zwar war die beklagte und als Rechtfertigung für die Eroberung herangezogene Unrechtssituation im Aztekenreich, d. h. die Unterdrückung unterworfener Völker sowie die Praxis der Menschenopfer, abgeschafft worden, aber das Unrecht allgemein war keinesfalls überwunden worden. Da die Spanier, besonders die Gruppe der Kolonisten, sich nicht an das hielten, wozu sie als Christen verpflichtet gewesen wären und wozu sie auch die spanische Gesetzgebung aufforderte, waren an die Stelle des aztekischen Moctezuma viele spanische Moctezumas getreten."*

Erörtere, welche Bewertung der Historiker Hans-Joachim König im vorliegenden Ausschnitt gegenüber den Spaniern als den neuen Herrn in Mittelamerika vornimmt:

- Beschreibe die von König skizzierte Veränderung in der Machtstruktur!
- Analysiere den Ausschnitt hinsichtlich der durch König vorgebrachten Bewertungen gegenüber den Spaniern!
- Bewerte die Sichtweise von König unter Berücksichtigung der damaligen moralisch-ethischen Dimension, indem du eine eigene Stellungnahme abgibst und diese unter Offenlegung der eigenen Wertmaßstäbe begründest!

Für die Bearbeitung der Aufgabenstellung dürfen sämtliche Lernunterlagen, das Schulbuch sowie das Internet benützt werden.

*Aus: Hans-Joachim König: Die Entdeckung Amerikas 1492-1550. Würzburg 1992, 152. – zitiert nach: König/Rieckenberg/Rinke 2008, 42.

Aufgabenbeispiel 9: Offene Aufgabenstellung (Open-Book-Test für die Sek. II)/Analyse von Darstellungen

4.4 Testformat mit geöffneten Aufgaben

Geöffnete Aufgaben

Eine besondere Form der offenen Aufgabe stellt ein Format dar, das sich im Gegensatz zu den in den letzten Kapiteln (4.1 bis 4.3) präsentierten Möglichkeiten von seiner Grundstruktur gegen allzu große Engführungen absetzt. Das Format wird hier als „geöffnete Aufgabe“ klassifiziert, um es vor allem von dem im Kapitel 4 genutzten sozialwissenschaftlichen Einteilungsmodus von Aufgabenformaten abzuheben und seine Verbindung hin zur Individualisierung und Differenzierung zu kennzeichnen.

Im Gegensatz zu durchstrukturierten Aufgaben, welche überschaubar, kleinschrittig, detailgelenkt, im Umfang beschränkt zu einem wenig variablen Ergebnis führen, und zu anstrukturierten Aufgaben, die durch eine offenere Aufgabenformulierung komplexere Leistungen einfordern, unterschiedliche Erschließungswege und Lösungen ermöglichen, prozedurales Wissen bereits in Teilen als eigenständig einzubringend ansehen, versucht eine geöffnete Aufgabe geringe bis gar keine Vorgaben zu machen (Wenzel 2012a, 27f.; Wenzel spricht von „offenen Aufgaben“). Sie „setzen jedoch einen Impuls für die Auseinandersetzung mit der Sache. Die Schülerinnen und Schüler wählen individuelle Aufgabenstellungen und Lösungswege. Sie finden eigene Formen der Dokumentation und Präsentation. Historisches Methodenwissen wird vorausgesetzt. [...] Mit solchen Aufgaben wird die umfassende Bearbeitung eines Themas unter Anwendung historischer Arbeitsweisen angeregt.“ (leicht adaptiert nach Waldis 2013, 148)

> Formuliert eine historische Frage, mit deren Beantwortung ihr Kenntnisse und Erkenntnisse, Fragestellungen und Ergebnisse rund um das Thema „griechische Kolonisation“ erarbeitet und dokumentiert. Macht Angaben darüber, wie ihr vorgeht, welche Materialien ihr wo gesucht und gefunden habt, welche Arbeitsweisen und Methoden ihr genutzt habt, wie ihr das aufbereitet und dokumentiert habt, was euch wichtig geworden ist etc.
>
> Metahinweise: Verfasst sie selbstständig anhand eurer Entscheidungen, Erfahrungen, Arbeits- und Lernerfolge (-probleme?)!

Aufgabenbeispiel 10: Geöffnete Aufgabenstellung (elaboriertes Niveau für methodisch erfahrene Lernende)/Historische Fragen entwickeln und bearbeiten (Wenzel 2012a, 28)

Die Verwendung solcher individualisierter Aufgaben für die Leistungsfeststellung stellt durchaus eine Herausforderung an eine kriteriengeleitete Auswertung. Ähnlich wie bei Essays, welche in vergleichbarer Weise eine Offenheit hinsichtlich der individuellen Umsetzung aufweisen, aber gleichzeitig weit radikaler, gewährt ein solches Format Einsichten in die erworbenen Möglichkeiten im Umgang mit Vergangenheit und Geschichte der Schüler/innen. Je nach Ausdifferenzierung der Aufgabenstellung (insbesondere der Vorgabe von zu erfüllenden Kriterien) ist es möglich, solche Formate für die Diagnose, Bewertung oder Beurteilung von Leistungen heranzuziehen. Wie dies auch Aufgabenstellung 10 verdeutlicht, gilt es jedoch auch in diesem Format bestimmte Kriterien zu erfüllen (u. a. Angaben zum Fundort des Materials, zu den Arbeitsweisen/Methoden, Art der Dokumentation etc.). Eine Überführung in einen kriterialen Rückmeldemodus erscheint daher auch für diese Aufgaben möglich (vgl. Abb. 12). Noch produktiver erscheint jedoch eine Bearbeitung im Sinn der Diagnose anhand eines dialogischen Modells (→ Kapitel 5.4).

4.5 Mündliche Varianten

Die Mündlichkeit von Schülerleistungen ist sowohl im Bereich der Mitarbeit als auch im Rahmen von punktuellen Einzelprüfungen durch die Flüchtigkeit der Worte gekennzeichnet. Die allgemeine Didaktik rät daher vor allem zu stichwortartigen Protokollen, in denen die in der Lern- oder Prüfungssituation besprochenen Themen, Frage- und Problemstellungen ebenso festgehalten werden, wie die Antworten und Reflexionen der Schüler/innen (vgl. Becker 2007, 95).

Mündliche Leistungsfeststellung

Es ist eines der zentralen Kennzeichen der mündlichen Leistungsfeststellung, dass sie vom interaktiven Charakter der Gesprächsführung zwischen Schüler/in und Lehrperson lebt und dadurch – im Gegensatz zu schriftlichen Varianten – die Möglichkeit zur adaptiven Gestaltung besitzt, indem nämlich seitens der Lehrperson eine Über- oder Unterforderung der Lernenden vermieden werden kann. Wurde hinsichtlich der mündlich gestellten Aufgabe der Erwartungs- und Zielhorizont jedoch nicht bereits im Vorfeld festgelegt, gilt es zu bedenken, dass dadurch – im Vergleich zu einer schriftlichen Feststellung – die Objektivität nicht im gleichen Maße erreicht wird (Kirk 2004, 38 f.; Birkel 1978). Es macht daher für punktuelle mündliche Feststellungen, gleich wie dies für schriftliche Formate zutrifft, Sinn, strukturierte, aber mit kommunikativem Spielraum versehene Aufgabenstellungen zu entwickeln, welche entlang von eindeutigen, kriterialen Normen beurteilt werden und dadurch auch die Grundlage für eine strukturierte Rückmeldung bieten. Der Erwartungshorizont solcher Aufgabenstellungen sollte dabei nicht nur inhaltliche Momente berücksichtigen, welche aus den zur Verfügung gestellten Materialien erwachsen, sondern vor allem auch fachspezifische Denkstrukturen miteinbeziehen, welche von den Schülern/innen erwartet werden. Dazu zählen etwa der richtige Einsatz der notwendigen Fachterminologie und fachlichen Konzepte ebenso wie methodische Schritte bei der kritischen Prüfung von Darstellungen über die Vergangenheit oder der Analyse von historischen Quellen. Festzuhalten gilt es jedoch, dass derartige Erwartungshorizonte nur als vage Richtschnur für Prüfungsgespräche gelten können. Es ist nämlich durchaus denkbar, dass Schüler/innen innerhalb der Aufgabenstellung eine Perspektive einnehmen, welche zulässig ist, jedoch nicht im ursprünglichen Sinn durch die Aufgabe intendiert war, gleichzeitig aber vor allem für Gewandtheit im historischen Denken des Schülers/der Schülerin sprechen und entsprechend gewürdigt werden sollten.

Erwartungshorizonte für mündliche Aufgaben

Kleinformen der punktuellen Einzelprüfung stellen etwa das Prüfen („Abhören") am Beginn der Unterrichtsstunde dar, welches aber der Vergangenheit angehören sollte, da es „zeitaufwändig, Furcht einflößend und wenig objektiv [ist], da jedes Mal andere Themen oder zumindest andere Fragen gestellt werden und Redegewandtheit einen wichtigen Einfluss nimmt." (Gorsch 2003, 214) Es macht daher vermutlich mehr Sinn, mündliche Wiederholungen am Beginn von Unterrichtsstunden zu plazieren, welche als punktuelle Diagnose hinsichtlich der fachspezifischen Arbeits- und Denkweise zur Behandlung des aktuellen Gegenstandes in einer

Mögliche Lösungsansätze zu Aufgabenbeispiel 7 aus Kapitel 4.3 (auf hoher Niveaustufe/ Sek. II)
ad Teilfrage 1:
Der Papst wollte die europäische Christenheit für einen Krieg gegen die Muslime gewinnen, um Jerusalem von ihnen zu befreien.
ad Teilfrage 2:
Der Papst ruft – nach Robert von Reims – zu einer Befreiung von Jerusalem und dem Land der dortigen Christen (Palästina) auf. Der Papst (Kirchenoberhaupt) hatte einen beträchtlichen Einfluss auf die weltliche Führungsschicht. Der Investiturstreit (11. Jh.) hatte die päpstliche Macht vorläufig gesichert. Der Streit um die Vormachtstellung der weltlichen vor der kirchlichen Macht, also zwischen Kaiser/König und Papst, bleibt jedoch erhalten. Als Intention könnte – geht man nur von dieser überlieferten Rede aus – die Rückeroberung von Jerusalem angesehen werden, das als „Mittelpunkt der Erde“ (Grabeskirche) betrachtet wurde, wozu der Papst zur Durchsetzung seiner Interessen (Stabilisierung des christlichen Glaubens in der Region) weltliche Heere benötigt. Argumentativ verweist der Papst auf religiöse Momente (Ruhm, Sündenerlass etc.) und auf die Aussicht Land zu gewinnen („Nehmt dem gottlosen Volk das Land weg und macht es euch untertan“), um die Motivation der „Franken“ zu erreichen.
ad Teilfrage 3:
Franken: werden als Beschützer des christlichen Glaubens dargestellt – aus der Sicht des Papstes also positiv. Zitate: „ihr seid [...] Gottes geliebtes und auserwähltes Volk“, „Lohn und ewiges Leben“ für die Franken, die das Land befreien/„Eure Sünden werden euch vergeben sein, ewiger Ruhm im Himmel ist euch gewiss.“ Muslime: werden als ungläubige Besetzer Jerusalems („Mittelpunkt der Erde“) dargestellt – aus der Sicht des Papstes also negativ. Zitate: „Ein fremdes Volk, ein ganz gottloses Volk, eine gefühlslose Brut hat die Länder der dortigen Christen besetzt durch Mord, Raub und Brand entvölkert und die Gefangenen teils in ihr Land verschleppt, teils elend umgebracht.“ „Kirchen Gottes zerstört“, „Altäre mit Schmutz befleckt“, die Taten der Muslime werden von Papst Urban II. als „Schmach“ empfunden, „gottloses Volk“. Dementsprechend kann man festhalten, dass die Franken positiver dargestellt werden.
ad Teilfrage 4:
Es handelt sich bei dieser Quelle um eine politische Rede von Papst Urban II., die durch den Augenzeugen Robert von Reims zwölf Jahre nach dem Geschehen niedergeschrieben wurde. Der Abstand zwischen erlebter Rede und der Niederschrift geben Grund zur Vermutung, dass Robert von Reims nicht mehr dazu in der Lage war, die Worte des Papstes im Originalwortlaut wiederzugeben. Es steht zu vermuten, dass von Reims eigene Wahrnehmungen/Einstellungen/Bewertungen bzw. jene seiner Zeit in die Quelle (un)bewusst einfließen ließ. Dies ist vor allem auch deshalb beachtenswert, da die Rede erst nach der Beendigung des so genannten ersten Kreuzzuges (1099) und der Einnahme von Jerusalem angefertigt wurde. Der hohe Quellenwert ergibt sich daher viel stärker für die Entstehungszeit der Quelle und die damalig vorhandenen Sichtweisen (1107) und es können eigentlich nur vage Aussagen über die Papstrede von 1095 getätigt werden. [*Eine derartige Erörterung muss durch eine Stellungnahme seitens des Schülers ergänzt werden: z. B.:* „Mir scheint ein besonderer Quellenwert dann gegeben zu sein, wenn dies die einzige Überlieferung zu dieser Rede aus dem Mittelalter darstellt und es keine anderen Quellen darüber gibt. Einschränkend würde ich jedoch dringend auf die besondere Überlieferung hinweisen.“]

Abb. 14: Möglicher Erwartungshorizont (vgl. Aufgabenbeispiel 7)

Transfersituation genutzt werden können (vgl. Gorsch 2003, 215). So ist es etwa denkbar, dass Schüler/innen anhand einer bereits bearbeiteten oder einer ähnlichen Quelle bzw. Darstellung methodische Schritte zu ihrer kritischen Erschließung, zu den bearbeiteten Problemkonstellationen im Umgang mit ihr oder zur inhaltlichen Kontextualisierung leisten, um auf diese Weise eine Wiederholung als Festigung anzubieten.

5. Tools der prozessorientierten Leistungsfeststellung

5.1 Themenmappen

Themenmappen stellen Schüler/innen weitgehend geführte fachspezifische Aktivitäten zu einem überschaubaren thematischen fachspezifischen Bereich zur Verfügung. Dabei werden den Lernenden für einen bestimmten Zeitraum (z. B. vier Unterrichtsstunden) konkrete Arbeitsaufgaben zur Bearbeitung übergeben. Diese Arbeitsaufgaben sind dabei so gestaltet, dass sich das durchaus individuell zu erarbeitende Produkt aus einer Synthese von zuvor erarbeiteten Einzelergebnissen zusammenstellt. Dadurch wird es der Lehrperson über die dokumentierten Einzelleistungen ermöglicht, Einblicke in den Entstehungsprozess zu gewinnen. Solche Themenmappen eignen sich besonders zur dokumentierten Bearbeitung von thematisch eng umrissenen Aufgabenstellungen oder konkreten historischen Fragen. Durch den hohen Grad an Strukturiertheit, welcher sich durch die Arbeitsaufgaben ergibt, wird es den Schülern/innen erleichtert, das angestrebte Produkt zielorientiert zu erreichen. Die fertig bearbeiteten Themenmappen können der Klasse präsentiert werden und dienen als Grundlage der Leistungsfeststellung. Lernende, die bereits mehr Erfahrung im Umgang mit derartig strukturierten Lernarrangements haben, gilt es, sukzessive Freiräume hinsichtlich der Lernwege und zu wählenden Methoden zu gewähren. Auch wäre es sinnvoll, Reflexionsaufgaben hinsichtlich des Lernwegs zu berücksichtigen. Man könnte daher bei der Arbeit an Themenmappen auch von einer Vorübung hin zu komplexeren und selbstgesteuerten Portfolioarbeiten sprechen (Vgl. Kühberger/Windischbauer 2012, 35).

Themenmappen als Dokumentationen

Themenmappe: Deutscher Kolonialismus/Sek. I

1) Gestalte ein Titelblatt mit dem Titel „Deutscher Kolonialismus“! Schreibe auch deinen Namen und die Bezeichnung deiner Klasse sowie das Schuljahr hinauf!
2) Erkläre anhand der verschiedenen Definitionen (Arbeitsblatt 1) den Begriff „Kolonialismus“! Gib dazu die zentralen Aspekte jeder angebotenen Definition in einem Mind-Map wieder und entwickle anschließend eine eigene Definition, in der du deine Einsichten aus den Mind-Maps berücksichtigst!
3) Erzählen unsere heutigen Schulbücher das Gleiche über den deutschen Kolonialismus? Stelle die beiden Texte aus den Schulbüchern (Arbeitsblatt 2) gegenüber! Erstelle dazu eine Tabelle und befrage die Darstellungen zu folgenden Aspekten:
   a) Welcher Zeitpunkt wird für den Eintritt Deutschlands in die internationale Kolonialpolitik angegeben?
   b) Welche Gebiete verleibt sich Deutschland ein?
   c) Welche Rolle spielt dabei Carl Peters?
   d) Was veränderten die Deutschen in den Kolonien?
4) Vergleiche nun die Ergebnisse der Gegenüberstellung von Aufgabe 3. Zähle die Unterschiede auf. Nenne im Anschluss Gründe, die dazu führen könnten, dass Schulbücher die gleichen Entwicklungen in der Vergangenheit ganz anders darstellen.
5) Wie wurden interkulturelle Begegnungen zwischen Menschen aus unterschiedlichen Kulturen im Zeitalter des Kolonialismus fotografisch eingefangen? Beschreibe, analysiere und interpretiere das Foto von der Begegnung zwischen dem Deutsch-Ostafrika-Kommandeur der Schutztruppe Oberstleutnant v. Schleinitz und Jubi Mazinga, König von Ruanda, aus dem Jahr 1912 (Arbeitsblatt 3). Ziehe dazu die methodischen Schritte zur „Arbeit mit bildlichen Quellen“ (Methodenblatt) heran!
6) Betrachte nun das Foto erneut! Versetze dich in die Rolle des Königs und überlege, wie er sich selbst und wie er den deutschen Offizier wahrgenommen haben könnte. Verfasse dazu entweder einen inneren Monolog des Königs oder eines Dieners, der die Geschehnisse beobachtete!
7) Ist es überhaupt möglich, derartige Überlegungen aus der Sicht des Königs oder eines Dieners anzustellen? Versuche gemeinsam mit einem Lernpartner/einer Lernpartnerin anhand deines Textes (Ergebnis von Aufgabe 6) herauszufinden, welche Teile davon mit dem Foto belegbar erscheinen und welche Teile eher deinen Phantasien zu dieser Situation entspringen! Unterstreicht die eurer Meinung nach belegbaren Teile blau und begründet dazu jeweils eure Sichtweise! Die Phantasie-Teile unterstreicht ihr hingegen grün!
8) Sichte nochmals die Arbeitsergebnisse der anderen Aufgaben (Aufgabe 1-7). Beurteile in einem Sachtext (300 Wörter) die interkulturelle Begegnung zwischen den Deutschen und den Einheimischen in Afrika.

Zusatzaufgabe: Welche Fragen über die Entwicklungen rund um den deutschen Kolonialismus haben sich für dich gestellt? Dokumentiere diese schriftlich! Versuche mindestens eine deiner Frage durch eine Internetrecherche und die verfügbaren Sachbücher zu lösen.

Aufgabenbeispiel 10: Themenmappe – exemplarische Arbeitsaufgaben

5.2 Portfolios

Portfolios stellen in einigen Bereichen des Schulsystems bereits eine aus dem Kunstbetrieb importierte Art der Leistungsdokumentation und -präsentation dar, die auch im Geschichtsunterricht zum Einsatz kommen kann. Es handelt sich im Kern um eine gezielte Zusammenstellung von Arbeitsblättern, Übungen, Projektberichten, gestalteten Produkten o. Ä., welche durch den Lernenden/die Lernende aus verschiedenen Abschnitten des Lernprozesses ausgewählt und in einer Sammelmappe präsentiert wird. Ziel ist es dabei, dass damit wichtige Inhalte, Methoden und Ergebnisse des individuellen Lernprozesses als *pieces of evidence* vorgeführt werden (vgl. Jung 2013, 106; Reich 2013). In der Regel wird von derartigen Lernportfolios erwartet, dass die Schüler/innen bei der Erstellung der Mappe ihre Leistungen selbstständig reflektieren: „Die entscheidende Auswahl der dokumentierten Arbeiten kann […] eigenständig und autonom nur vom Schüler, aber auch in Beratung und Abstimmung mit der Lehrkraft vorgenommen werden, um die Selbstbeurteilungs- und Ichkompetenz der Lernenden zu stärken." (Jung 2013, 106) Damit soll verdeutlicht werden, dass die Leistungen, welche in einem Portfolio dokumentiert werden, einen Einblick in einen längeren Zeitraum des Lernens ermöglichen. Die Schüler/innen haben in diesem Prozess immer wieder die Möglichkeit, über ihre erbrachten Leistungen nachzudenken, sie zu verbessern oder zu erweitern. Mehrere Versionen der gleichen Aufgabe können etwa den Lernwillen und den Lernzuwachs einer Schülerin/eines Schülers dokumentieren. Im Portfolio wird dieser Prozess des Überarbeitens und Weiterentwickelns gewürdigt. Eine Anerkennung des individuellen Lernprozesses und der darin dokumentierten Entwicklung löst damit die eng gesteckte schriftliche und mündliche Leistungskontrolle ab (vgl. Winter 2003, 79). Im Gegensatz zu einer herkömmlichen Leistungsfeststellung, bei der punktuelle, kleingearbeitete und lehrergesteuerte Prüfungen Auskunft über das fachspezifische Denken und Handeln geben, bietet das Portfolio einen genetischen Einblick in die

Evidenzbasierte Einblicke

erbrachten Lernleistungen. Die Schüler/innen sind am Prozess aktiv beteiligt und können über Rückmeldeschleifen zwischen den Lernenden, aber auch zwischen der Lehrperson und den Lernenden gefordert und gefördert werden (Häcker/Winter 2010, 299).

Durch die Dokumentation der fachspezifischen Lernleistungen auf ganz unterschiedlichen Ebenen (u. a. Planung, Reflexion, Nutzung von Hinweisen und Hilfestellungen, Präsentation) kann die Leistungsfeststellung und ihre Auswertung zwischen Lehrperson und Schüler/in anhand der gesammelten Materialien transparent ausgestaltet werden (vgl. Abb. 15), indem über manifest vorliegende „Produkte" gesprochen wird. Dies kann sogar bis hin zu öffentlichen Präsentationen an Projekttagen führen oder für Lehrer/in-Schüler/in-Eltern-Gespräche über die fachspezifischen Entwicklungslinien herangezogen werden.

Diagnose über Portfolios

Will man Portfolios für eine systematische, fachdidaktische Diagnose heranziehen, wird es notwendig sein, den Aufbau der Mappe und die zu präsentierenden Dokumente bereits vorab zu kommunizieren. Gelingt es nämlich, einen roten Faden durch derartige fachspezifische Portfolios zu legen, kann man damit auch individuelle Entwicklungen von Schüler/innen in den Sammelmappen diagnostizieren. Dazu ist es jedoch notwendig, dass tatsächlich vergleichbare historische Denkleistungen in Transfersituationen von den Lernenden in einem zu dokumentierenden Bereich abverlangt werden. So kann man etwa Übungen zu einem bestimmten Problem (z. B. Interpretation von privaten Briefen) an mehreren gezielt gesetzten Beispielen aus unterschiedlichen historischen Zusammenhängen (Feldpostbrief aus 1916, Auswandererbrief aus 1923, Liebesbrief aus 1953 etc.) an unterschiedlichen Zeitpunkten eines Schuljahres ansetzen, um über die Dokumentation in einem Entwicklungsportfolio fokussierte Rückschlüsse auf die fachspezifische Lernentwicklung der Schüler/innen ziehen zu können (Kühberger 2013, 159). Dabei ist es zentral, dass die Lernenden selbst, über die konkreten fachspezifischen Denkleistungen (z. B. kritisches Analysieren eines privaten Briefes als zeitgebundene Quelle zum Umgang zwischen Eltern und Kindern) hinaus, ihre dabei erbrachten Leistungen reflektieren, indem sie eben eigene Produkte (hier: Quelleninterpretationen) hinsichtlich ihrer Güte, ihrer Besonderheiten oder auch Probleme beschreiben. Es wird in diesem Zusammenhang durchaus empfohlen, dass auch Erlebnisberichte und Stellungnahmen zum Unterricht den Portfoliomappen beigefügt werden sollen, um über derartige Kommentare und Statements ein umfassendes Bild für die Leistungsfeststellung zu erhalten (Winter 2012, 199).

Portfolios systematisch befragen

Der diagnostische Wert eines fachspezifischen Portfolios zeigt sich vor allem dort, wo die selbstständig durch die Lernenden zusammengestellte Sammlung bzw. vielleicht eben auch die durch die Lehrperson in Teilen angeregten und gesteuerten Aktivitäten hinsichtlich ihrer fachlichen Leistungen kategorial und kriterial in ihrer Entwicklung erschlossen werden. In diesem Sinn bieten Portfolios im Geschichtsunterricht die „Chance zur individuellen metakognitiven Auseinandersetzung mit Lehr-Lernsituationen“ (Adamski 2003a, 49), um dem angestrebten Ziel des historischen Lernens, nämlich die Anbahnung eines reflektierten Geschichtsbewusstseins, über dokumentierte und beobachtbare fachspezifische Denkleistungen der Schüler/innen näherzukommen (Adamski 2003b, 33).

5.3 Kompetenzraster

Raster als Orientierungshilfen

Eine derzeit fachdidaktisch immer stärker favorisierte Möglichkeit zur Leistungsfeststellung stellen so genannte „Kompetenzraster“ dar. Es handelt sich dabei um schriftlich fixierte Erwartungshaltungen einer Lehrperson oder eines schulischen Systems gegenüber bestimmten Lerngruppen, die – in der Regel in einer Matrix – gestufte Grade der Bewältigung einer Aufgabe enthalten und damit auch zur schülerseitigen Grundlage des individuellen Lernens dienen (vgl. Heuer 2007, 29). Der idealtypische Aufbau eines Kompetenzrasters berücksichtigt drei Aspekte: (a) Kompetenzen, die auf der Basis von den zu bearbeiteten Lernbereichen wissenschaftlich be-

Prinzipien der Arbeit mit Portfolios	
Sammelprinzip	Leistungsnachweise verschiedener Art, welche fachspezifische Denkleistungen und metareflexive Überlegungen dazu dokumentieren, werden in einer Mappe gesammelt.
Auswahlprinzip	Aus der Gesamtmenge der gesammelten Leistungsdokumente eines Schülers/einer Schülerin wird ein Teil ausgewählt und eine begründete Zusammenstellung vorgenommen, um Leistungen und Entwicklungen sichtbar zu machen.
Steuerungsprinzip	Eine Steuerungsfunktion besitzt ein Portfolio dann, wenn seitens der Lehrperson Vorgaben gemacht werden, um neben individuellen Handlungsfreiheiten bestimmte Aspekte des fachspezifischen Lernens zur Orientierung und Kontrolle der je individuellen Bemühungen von den Schülern/innen einzufordern.
Bewertungsprinzip	Die ausgewählten Leistungsdokumente werden vor allem durch den Schüler/die Schülerin selbst in schriftlicher Form bewertet. Alternativ können auch andere standardisierte Skalen oder für bestimmte Aufgaben entwickelte Fragebögen eingesetzt werden. Auch Kommentare und Feedbacks durch Mitschüler/innen können die Sammlung ergänzen. Die Lehrperson selbst trifft ebenso Wertungen und bietet eine nachvollziehbare Darstellung ihrer Sichtweise.
Kommunikationsprinzip	Entlang des Portfolios können Gespräche über das Lernen und Leistungsentwicklungen geführt werden sowie diagnostische Erkenntnisse gewonnen werden.
Dokumentationsprinzip	Die im Rahmen des Lernens (Produkte und Prozesse) sowie des Erstellens und Bewertens eines Portfolios entstehenden Dokumente stellen die Grundlage für eine Rechenschaftslegung, Bestehensprüfung und rückblickende Reflexion dar. Sie können herkömmliche Leistungsbeurteilungen als direkte Leistungsvorlagen ergänzen oder ersetzen.

Abb. 15: Prinzipien der Arbeit mit Portfolios (adaptiert nach Winter 2000, 42; Winter 2012, 207)

schrieben werden; im Idealfall sogar als Teilkompetenzen; (b) Ausprägungsgrade (Niveaus) pro ausgewiesener (Teil-)Kompetenz, die festgelegt und schriftlich ausformuliert sind; (c) Kennzeichnung der mindestens zu erreichenden Ausprägungsgrade (Saldern 2011, 133).

Werden derartige Raster am Beginn einer Arbeitsphase an die Lernenden ausgegeben, werden die Schüler/innen über die (mindestens) zu erbringenden Leistungen und die Bewertungskriterien transparent informiert und können so auch ihre eigene Leistung bereits im Lernprozess besser einschätzen (Abb. 16). Wird dabei ein erweitertes Leistungsverständnis zum Einsatz gebracht, werden also neben fachspezifischen Leistungen auch allgemeine methodisch-strategische (u. a. planen, organisieren), sozial-kommunikative (u. a. diskutieren, zuhören, argumentieren) oder persönliche Leistungen (u. a. Selbstvertrauen gewinnen, Werthaltungen aufbauen) mitbeachtet, handelt es sich um produkt- und prozessorientierte Leistungsfeststellungen (Abb. 16). Ein Einbeziehen eines derart breiten Spektrums an Leistungen in die Leistungsbewertung signalisiert nach Thomas Stern, „dass auch Fortschritte in diesen Bereichen [...] wichtig sind und wahrgenommen werden." (Stern 2008, 27) Dies betrifft aus fachdidaktischer Perspektive auch fachliche Aspekte. Je detaillierter Kompetenzraster etwa zu bestimmten Momenten einer fachspezifischen Methode sind, desto genauer können Schüler/innen die Intentionen der angebotenen Lernarrangements nachvollziehen.

Fundamentum und Additum

Darüber hinaus können eben Teile des Rasters für ein bestimmtes Lernsetting markiert werden, um das erwartete Umsetzungsniveau *(Fundamentum)* bzw. die darüber hinausgehenden Leistungen *(Additum)* im Sinn einer sukzessiven Differenzierung für die Lernenden zu kennzeichnen (Abb. 17) (Vgl. Schröder 2001, 78). Hält eine Lehrperson in einem derartigen Kompetenzraster die erreichten Niveaus der Schülerin/des Schülers fest, ergeben sich für die Lernenden je individuelle Kompetenzprofile, welche sowohl für die Leistungsdiagnose als auch für Rückmeldungen im Sinn der Leistungsbewertung herangezogen werden können. Letztlich können sie jedoch auch als Impulse für die weitere Ausgestaltung von fachlichen Lernprozessen seitens der Lehrperson dienen. Sämtliche derzeit verwendete Kompetenzraster zum historischen Lernen beruhen auf theoretischen und pragmatischen Überlegungen für den Fachunterricht. Aufgrund von fehlenden empirischen Untersuchungen handelt es sich bei diesen Rastern und den darin ausgewiesenen Kompetenzgraden um lernpsychologisch nicht abgesicherte Modelle, sondern lediglich um gebündelte pädagogische Erfahrungen (vgl. Adamski/Bernhardt 2012, 408; Saldern 2011, 167 f.).

Kriterien/Bewertung	Vollständig erreicht	Zufriedenstellend erreicht	Nicht erreicht
Übersichtliche und verständliche Zusammenfassung des Vergleiches der Darstellungen	Auf der Grundlage der zur Verfügung gestellten Darstellungen entsteht ein übersichtlicher und verständlicher Vergleich.	Auf der Grundlage der zur Verfügung gestellten Darstellungen entsteht ein teilweise übersichtlicher und verständlicher Vergleich.	Auf der Grundlage der zur Verfügung gestellten Darstellungen entsteht ein überwiegend unübersichtlicher und unverständlicher Vergleich.
Quellenbezug/Quellenbelege werden thematisiert (empirische Ebene)	Auf der Grundlage der zur Verfügung gestellten Darstellungen werden die Quellenbelege/-bezüge herausgearbeitet.	Auf der Grundlage der zur Verfügung gestellten Darstellungen werden einige Quellenbelege/-bezüge herausgearbeitet.	Quellenbelege und -bezüge konnten nicht herausgearbeitet werden.
Mittel der Darstellung werden thematisiert (narrative Ebene)	Auf der Grundlage der zur Verfügung gestellten Darstellungen werden unterschiedlichste Mittel der Darstellung diskutiert.	Auf der Grundlage der zur Verfügung gestellten Darstellungen werden ein bis zwei Mittel der Darstellung diskutiert.	Es werden keine Mittel der Darstellung diskutiert.
Offene und versteckte Bewertungen werden thematisiert (normative Ebene)	Auf der Grundlage der zur Verfügung gestellten Darstellungen werden einige offene und versteckte Bewertungen herausgearbeitet.	Auf der Grundlage der zur Verfügung gestellten Darstellungen werden mit Hilfestellung ein bis zwei offene Bewertungen herausgearbeitet.	Es werden keine offenen/versteckten Bewertungen herausgearbeitet.
Nachdenkphase über die Gründe der unterschiedlichen Darstellungen der Vergangenheit	Über die erhobenen Ergebnisse wird selbstständig nachgedacht und dieses Nachdenken wird schriftlich zusammengefasst.	Über die erhobenen Ergebnisse wird mit Hilfe nachgedacht und dieses Nachdenken wird schriftlich zusammengefasst.	Trotz angebotener Hilfe gelingt das Nachdenken über die erhobenen Ergebnisse und die schriftliche Zusammenfassung nicht.
Gestaltung des Plakates	Ansprechende Gestaltung, Berücksichtigung aller formalen Vorgaben.	Durchschnittliche Gestaltung, Berücksichtigung eines wesentlichen Teils der formalen Vorgaben.	Schlampige und lückenhafte Gestaltung, formale Vorgaben nicht berücksichtigt.
Auswertung der Materialien	Die zur Verfügung gestellten Materialien werden selbstständig ausgewertet.	Die zur Verfügung gestellten Materialien werden mit Hilfestellung ausgewertet.	Die zur Verfügung gestellten Materialien werden auch mit angebotener Hilfe nur mangelhaft ausgewertet.
Soziale Kompetenz	Verantwortung für die gemeinsame Arbeit wird übernommen, Engagement und Kompromissbereitschaft sind deutlich erkennbar.	Verantwortung wird ansatzweise übernommen, Engagement/Kompromissbereitschaft ist entwicklungsfähig.	Wenig oder keine Beteiligung an der gemeinsamen Arbeit, wenig Kompromissbereitschaft, Störaktionen behindern die Arbeit.

Abb. 16: „Plakate zu einem Vergleich von Darstellungen gestalten“ – ein Kompetenzraster zwischen sozialen und fachspezifischen Anforderungen (adaptiert und erweitert nach Kühberger/Windischbauer 2012, 34)

Kriterium	Anforderung 0	Anforderung 1	Anforderung 2	Anforderung 3
Aufbau einer Geschichtskarte	Ich weiß nichts über den Aufbau einer Geschichtskarte.	Ich kenne einen Baustein einer Geschichtskarte (z. B. die Legende) und finde diesen auch auf einer Geschichtskarte.	Ich kann alle wichtigen Bestandteile einer Geschichtskarte benennen und auf einer Geschichtskarte finden.	Ich kenne und finde alle Bausteine einer Geschichtskarte. Weiter kann ich diese Bestandteile benennen, erläutern und ihre Funktion erklären (Kartentitel, Legende, Signaturen).
Grundlegendes zur Geschichtskarte	Ich weiß nicht, was eine Geschichtskarte ist.	Ich kenne eine bestimmte Geschichtskarte und kann erklären, warum es eine Geschichtskarte ist.	Ich kenne zwei unterschiedliche Geschichtskarten, kann erklären, warum es jeweils Geschichtskarten sind, und kann die Unterschiede in den Darstellungsformen der beiden Karten erklären (z. B. statische und dynamische Karte).	Ich kann an beliebigen Karten (oder sogar ohne) erläutern, was eine Geschichtskarte ist und kenne die verschiedenen Darstellungsformen. Ich weiß, wozu diese unterschiedlichen Arten von Geschichtskarten verwendet werden.
Geschichtskarte lesen	Ich weiß nicht, wie eine Geschichtskarte gelesen werden kann.	Ich kann konkrete Orte, Gebiete oder Siedlungen auf einer Geschichtskarte finden.	Ich kenne zwei spezifische Merkmale von Geschichtskarten (Schraffur, Doppelschraffur, Pfeile, Linien ...) und kann diese an einer Karte erläutern.	Ich kann beliebige Geschichtskarten lesen und die verschiedenen Darstellungen auf diesen Karten erläutern.
Geschichtskarten als historische Darstellungen hinterfragen	Ich weiß nicht, wie man eine Geschichtskarte als historische Darstellung hinterfragen kann.	Ich kann unter genauer Anleitung die Gemachtheit von Geschichtskarten (u. a. bildliche und schriftliche Mittel, Intentionen der Symbole, Farbgebung, Größenverhältnisse etc.) erkennen.	Ich kann entlang eines Leitfadens Geschichtskarten hinsichtlich ihrer Gemachtheit hinterfragen.	Ich kann beliebige Geschichtskarten hinsichtlich ihres Konstruktionscharakters befragen.

Abb. 17: Raster „Arbeiten mit Geschichtskarten“ – ein fachspezifischer Kompetenzraster (erweitert nach Heuer 2007, 30; Adamski/Bernhardt 2012, 411) – Die hier ergänzten grauen Flächen sollen Lernenden das zu einem bestimmten Zeitpunkt zu erwerbende Niveau als Erwartungshorizont veranschaulichen (hier z. B. 6. Schulstufe), gleichzeitig aber auch einen Ausblick auf weitere zu erreichende Ziele geben (etwa am Ende der Sek. I).

Selbst- und Fremdeinschätzung

Werden solche Kompetenzraster darüber hinaus auch für Selbsteinschätzungen seitens der Schüler/innen und für ein Gespräch über die Fremdeinschätzung durch Mitschüler/innen und/oder die Lehrperson herangezogen, ermöglichen sie den einzelnen Lernenden eine differenzierte Wahrnehmung des individuellen Lernprozesses sowie der erreichten Ziele zur Selbststeuerung und -kontrolle für weitere Entwicklungen (vgl. Schmidinger/Vierlinger 2012, 38).

Selbstbewertungen bieten Schülern/innen die Möglichkeit, das eigene Lernverhalten besser kennenzulernen, sich eigener Stärken und Schwächen besser bewusst zu werden und Lernprozesse zu optimieren. Entlang der Selbstbewertung können nämlich individuelle neue Ziele und „nächste Schritte" gesetzt werden (Amrhein-Kreml et al. 2008, 60). Gestufte Feedbacks, welche sich an der Ausgestaltung von Kompetenzrastern orientieren (vgl. Abb. 18 und Abb. 19), können dafür einen wichtigen Beitrag leisten, indem nämlich Selbst- und Fremdbewertungen kombiniert werden, um bei den Lernenden ein Bewusstsein für Maßstäbe und Kriterien zu schaffen. Ziel sollte es dabei jedoch letztlich sein, über derartige Methoden der Selbstbewertung schrittweise zu autonomeren Formen der Selbstevaluation (z. B. in Lerntagebüchern) zu gelangen (Stern 2008, 60). Eine ausreichende Beachtung der fachspezifischen Leistungserwartungen gilt es in solchen Rastern in jedem Fall zu berücksichtigen.

Aufgabe	Geprüft	Datum	Unterschrift	☺	😐	☹
Ich kann ein Foto als historische Quelle mit Hilfe eines Methodenleitfadens analysieren.	Selbst					
	Freund/in					
	Lehrer/in					

Abb. 18: Gestuftes Feedback mit drei Ebenen (Schüler/in; Mitschüler/in; Lehrer/in) (Kühberger/Windischbauer 2012, 33)

Aufgabe	Selbsteinschätzung			Einschätzung durch Lehrer/in		
	☺	😐	☹	☺	😐	☹
Ich kann ein Foto aus der Vergangenheit beschreiben.						
Ich kann begründete Aussagen über die Intentionen eines Fotos aus der Vergangenheit machen.						
Ich kann die im Foto verwendete Perspektive als einflussnehmendes Element für die Interpretation des Bildes diskutieren.						

Abb. 19: Gestuftes Feedback durch Schüler/in und Lehrer/in (vgl. Kühberger/Windischbauer 2012, 33)

5.4 Dialogische Modelle

Das Kennzeichen von dialogisch angelegten Leistungsnachweisen besteht in dem intensiven schriftlich dokumentierten Austausch zwischen dem Lernenden/der Lernenden, den Klassenkameraden/innen sowie der Lehrperson. Im Zentrum der Arbeit mit den eigenen und fremden Lernerfahrungen stehen dabei nicht nur die inhaltlichen und fachmethodischen Umsetzungen von Aufgaben, sondern vor allem die Reflexion des eigenen Lernweges, der Problemlösung und des Wissenserwerbs. Über Stellungnahmen des Lernenden über seine eigenen Erfahrungen, Strategien, Probleme, Blockaden, Irrwege etc. kann die Lehrperson nicht nur wertvolle diagnostische Einblicke in oftmals unbekannte Bereiche der initiierten Lernprozesse und der Gedankenwelten der Schüler/innen gewinnen, sondern vor allem auch Lernarrangements anbieten, welche eine erhöhte Passung zwischen Lernenden und den angebotenen Wegen aufweist. Die Schüler/innen haben ihrerseits die Möglichkeit, Überarbeitungen von bereits Geleistetem vorzunehmen und auf diese Weise auch neue Erkenntnisse, Anregungen oder Lösungswege, die im Dialog erörtert wurden, nachvollziehbar einzubringen.

Schreibwerkstätten

Eine der einfachsten Varianten zur Umsetzung eines dialogischen Modells stellen „Schreibwerkstätten" dar, in denen für ein abgrenzbares Produkt (z. B. kritische Analyse einer einseitigen historischen Darstellung zum Ersten Weltkrieg) ein schriftlich dokumentierter Dialog angeregt wird.

So ist es etwa möglich, dass den Schülern/innen vorerst nur eine Darstellung der Vergangenheit vorgelegt wird und sie auf einem leeren Blatt notieren sollten, was diese Darstellung nach dem Lesen dergleichen bei ihnen auslöste. Die Arbeitsaufgabe könnte etwa lauten: *„Achte beim Lesen der Darstellung auf deine Gedanken und Eindrücke! Was könnte die Absicht hinter dieser Darstellung sein? Weshalb könnte diese Darstellung genau so angefertigt worden sein? Schreib nun in ganzen Sätzen auf, was dir durch den Kopf geht!"* Ziel ist es hierbei, dass die Schüler/innen ihre ersten Eindrücke, Sichtweisen und Beobachtungen zur Art der historischen Darstellung einbringen. Danach sollten die Lernenden ihre Plätze wechseln und ihre persönlichen Aufzeichnungen jedoch am Platz liegen lassen, so dass die Aufzeichnungen der einzelnen Schüler/innen von ca. drei bis vier anderen Schüler/innen durch Platzwechsel gelesen werden können („Sesseltanz"). Gleichzeitig sollten die Schüler/innen dazu aufgefordert werden, eine positive Rückmeldung zu den Gedanken und Eindrücken ihrer Mitschüler/innen auf das am fremden Platz aufgefundene Blatt zu schreiben. Auf diese Weise erhalten einerseits alle Schüler/innen die Möglichkeit, sich in einem ersten Schritt zu der historischen Darstellung zu äußern, andererseits beschäftigen sie sich aber auch in einem zweiten Schritt intensiv mit mehreren Gedankengängen zu der auch von ihnen bearbeiteten Aufgabenstellung. Die Schüler/innen kehren nach dem Abfassen von zwei bis drei Feedbacks wieder zu ihren Plätzen zurück und beschäftigen sich nun mit den Rückmeldungen zu ihren Aufzeichnungen. Es wird dabei sinnvoll sein, ein Zeitlimit pro Feedback (z. B. 5 Minuten) festzulegen. Es soll den Schülern/innen jedoch freigestellt werden, von wem sie die Aufzeichnungen lesen möchten.

In einen Dialog treten

Am Ende der Einheit nimmt die Lehrperson alle Ergebnisse schließlich zur Durchsicht mit nach Hause. Um in der nächsten Stunde mit den Ergebnissen und Gedankengängen der Lernenden weiterzuarbeiten, erarbeitet die Lehrperson eine aus Schülerstatements zusammengestellte Vorlage, in der gelungene Beobachtungen bzw. Analyseansätze enthalten sind. Alternativ könnten sich die Schüler/innen auch nur mit einer von der Lehrperson als besonders gelungen klassifizierten Beobachtung beschäftigen. Damit will man erreichen, dass die Lernenden sich mit der Frage auseinandersetzen, warum die von der Lehrperson ausgewählten Ausschnitte bzw. die Schülerarbeit als besonders gut gelungen gelten könnte. Eine Diskussion in Kleingruppen und/oder im Klassenplenum ist dafür vorzusehen. Über einen solchen Zugang kann es gelingen, über die Schülerprodukte in die Mechanismen einer adäquaten systematischen Analyse einzudringen. Es ist darüber hinaus anzustreben, dass die Lernenden aus den eigenen Arbeiten einen Analyseraster oder Tipps für das kritische „Lesen" von historischen Darstellungen ableiten (vgl. Ruf 2008; Kühberger/Windischbauer 2013, 70 f.). Ziel ist es, dass alles, was die Lernenden leisten, von der Lehrperson wahrgenommen wird und als Bezugs- und Ausgangspunkt dient für weitere Erklärungen und Lernarrangements. Ein besonders produktiver Teil eines so angelegten Dialogs besteht dabei vor allem in der positiven Verstärkung von erfolgsversprechenden und gelungenen Aspekten in der fachspezifischen Denkarbeit (Ruf 2003, 12 f.). Aus diesem Grund wird im Rahmen des „Dialogischen Lernens" ein System von Häklein vorgeschlagen, um entlang einer Individualnorm ein Feedback zu geben.

Produkte und Dialoge beachten

Bei diesem Häklein-System handelt es sich um ein vierwertiges System, das etablierte Notenskalen eindeutig durchbricht und zudem eine gänzlich andere Ausrichtung besitzt. Es handelt sich um förderliche Rückmeldungen zu den individuellen Entwicklungen einzelner Schüler/innen und eben nicht um eine Rückmeldung in Form einer Note. Auf diese Weise werden dynamische, persönliche Produkte, wie jene, die im Rahmen von Schreibwerkstätten oder Lerntagebüchern entstehen, vor dem Hintergrund der individuellen Möglichkeiten in einer prozessualen dialogischen Form dokumentiert,

Individuelle Rückmeldungen

Häklein	Bedeutung	Umschreibung möglicher Leistungsvarianten
✓	erfüllt	Mir ist nichts Spezielles aufgefallen. Du hast dich aber lange und intensiv genug mit der Sache beschäftigt. *oder* Du hast vermutlich einen interessanten Gedankengang gehabt, das ist in deiner Arbeit aber nur lückenhaft dokumentiert und lässt sich nur teilweise nachvollziehen.
✓✓	klar erkennbare Eigenleistung	Ich habe an der markierten Stelle deiner Arbeit eine spezielle Qualität in der Auseinandersetzung gefunden. *oder* Du hast es gewagt, auf dich allein gestellt zu handeln, und du hast viel Zeit und Energie dafür aufgewendet. *oder* Du hast dich lange und intensiv mit der Sache befasst und siehst jetzt klarer, wo du stehst, welche Anforderungen die Sache an dich stellt und wie du deine Stärken nutzen kannst.
✓✓✓	Wurf (großer Erfolg)	Dir ist an einer Stelle deiner Arbeit ein Wurf gelungen. *oder* Du bist zwar nicht zum Ziel gekommen, aber Art und Weise deines Vorgehens sind vorbildlich. *oder* Du hast dich sehr intensiv mit der Aufgabe beschäftigt und hast die Spuren deiner Auseinandersetzung mit der Sache auf vorbildliche Weise dokumentiert. *oder* Du hast das Beste aus deinen Möglichkeiten gemacht.
✓̸	noch nicht erfüllt	Mach dich nochmals an die Arbeit. Du musst dich intensiver mit dem Auftrag befassen und dies nachvollziehbarer dokumentieren.

Abb. 20: „Häklein" als Symbole der Skalierung und ihre verbale Identifikation (nach Ruf 2008, 258)

die im Rahmen der herkömmlichen Benotung nicht zu realisieren wäre. Dort, „wo Leistungen mit Prüfungen und Noten ermittelt werden, sind Häklein ein notwendiges Korrektiv. Sie rücken den Prozess des Lehrens und Lernens ins Blickfeld und lenken die Aufmerksamkeit auf die jeweils individuellen Fortschritte. Und hier können auch mittlere und schwächere Schüler gute und sehr gute Leistungen erbringen. Häklein haben für Schülerinnen und Schüler, die mit Prüfungen und Noten aufgewachsen sind, insgesamt eine entlastende und motivierende Funktion. Sie schaffen größtmögliche Transparenz in der Interaktion zwischen Lehrenden und Lernenden. Mit ihren Häklein bringen Lehrpersonen ihre Wertschätzung gegenüber den entwicklungsfördernden

Anstrengungen der Lernenden unmissverständlich zum Ausdruck. Häklein sind aber auch Verstehens-Signale der Lehrperson, die äußerst wichtig sind für den Schüler. Er weiß nun, dass – resp. wie – ihn die Lehrperson verstanden hat, und kann entsprechend reagieren.“ (Ruf 2008, 259)

Idealerweise sollten Leistungsbewertungen jedoch nicht nur zwischen der Lehrperson und dem Lernenden, sondern phasenweise auch innerhalb der Lerngruppe vorgenommen werden. Ein Einbinden der Mitschüler/innen in einen kriteriengeleiteten Prozess ermöglicht nicht nur eine Erweiterung der Perspektiven, sondern schafft vor allem auch Transparenz und eine offene Feedbackkultur.

Vom Singulären zum Regularisierten

Im Sinn der Konzeption des „Dialogischen Lernens“ nach Urs Ruf/Peter Gallin – wie es in diesem Unterkapitel vorgestellt wird – geht es vorrangig darum, dass (a) die Schüler/innen von individuellen und grundlegenden Einsichten, welche nicht selten aus der persönlichen Alltagswelt generiert werden, über (b) abweichende Erfahrungen mit anderen Sichtweisen und Zugängen ihrer Mitschüler/innen hin zu (c) regularisierten Einsichten, wie sie etwa im Fachunterricht angestrebt werden, über dialogischen Austausch geführt werden, ohne dabei eine Entfremdung zwischen den Lernenden und dem angestrebten Zielhorizont hervorzurufen (Abb. 21).

Metakognitive Strategien aktivieren

Komplexer werden derartige dialogische Einsichten dort, wo so angelegte Lernprozesse als Entwicklungsportfolios oder Lerntagebücher dokumentiert werden. Im Kern handelt es sich dabei um eine strukturierte Etablierung eines Umgangs mit Lernstrategien sowie mit metakognitiven Strategien beim individuellen Erwerb von fachspezifischem Wissen (vgl. Abb. 6). Gedanken und Gefühle werden bei der Auseinandersetzung mit fachlichen Problemen absichtlich in den Prozess miteingeschlossen und sind ebenfalls Teil eines Dialoges, in dem die Lehrperson interessante Lösungen hervorhebt, Rückmeldungen gibt und den fachspezifischen Austausch (vor)strukturiert (Winter 2012, 269). Dialogisch ausgerichtete Lerntagebücher oder Lernjournale repräsentieren damit vor allem den sozial an die Mitschüler/innen und die Lehr-

grundlegend	**Ich mach das so!** Singuläre Standort-bestimmung	**Dialog mit der Sache dokumentieren** Impulse für die Arbeit: – Das wirkt auf mich so. – Das verstehe ich so. – Das packe ich so an. – Das habe ich herausgefunden.
aufbauend	**Wie machst du es?** Divergierender Austausch	**Lernwege anderer untersuchen** Impulse für die Arbeit: – Wie bist du vorgegangen? – Was hast du herausgefunden? – Was ist gelungen?
krönend	**Das machen wir ab.** **Das vereinbaren wir.** Regularisierende Einsicht	**Abstrahieren und generalisieren** Impulse für das Ergebnis: – Begriffe bilden – Verfahren festlegen – Instrumente herstellen – Qualitätskriterien formulieren

Abb. 21: Lernen und Verstehen als dialogischer Prozess (übernommen und leicht adaptiert aus: Ruf 2003, 12)

person rückgebundenen Werkstattcharakter von Lernprozessen. Zentral dabei erscheint, dass vor allem Reflexionsprozesse dokumentiert werden (beobachten des eigenen fachlichen Denkens, ordnen von Gedanken und Gefühlen, generieren und ausprobieren von Ideen und Wegen, erkennen von eigenen Entwicklungen durch eine Rückschau uvm.) (Winter 2012, 270 ff.). Wenn Schüler/innen „Lerntagebücher schreiben, hat dies nicht nur einen Effekt auf sie selbst, sondern auch auf die Lehrer. Diese begegnen beim Lesen der Äußerungen der ‚inneren Realität' ihrer Schüler und lernen deren Vielfalt kennen." (Winter 2012, 280)

Stundenrückblick als Einblick

Mit jüngeren Schüler/innen sollte man jedoch darauf achten, dass sich die Auseinandersetzungen vor allem auf konkret ausgeführte Denkhandlungen beziehen. So bietet sich etwa ein verschriftlichter Stundenrückblick an, in dem die Lernenden ebenfalls die Gelegenheit erhalten, auf persönliche Einsichten, Beobachtungen und Schwierigkeiten hinzuweisen.

Stundenrückblick:
Nimm bitte in vollständigen Sätzen zur heutigen Unterrichtsstunde Stellung! Es soll kein Protokoll sein, sondern du sollst vielmehr aufschreiben, was dir neu oder persönlich wichtig war; was dich überrascht hat; Fragen, die für dich offen geblieben sind; Beobachtungen, die du zur Arbeitsweise im Unterricht gemacht hast; Dinge, die dich gestört haben uvm. Es geht hier um deine eigenen Gedanken zu der Stunde!

Dieses Blatt wird nicht eingesammelt. Wer möchte, kann am Beginn der kommenden Stunde daraus vorlesen!

Arbeitsauftrag 11: Impuls für einen „Stundenrückblick" (adaptiert nach Winter 2012, 285)

5.5 Mündliche Mitarbeit kontinuierlich dokumentieren

Die Fachliteratur ist sich einig, dass mündliche Leistungen von Schüler/innen besonders schwierig zu erfassen und zu bewerten sind. In Diskussionen oder Lehrer/in-Schüler/in-Gesprächen im Fachunterricht handelt es sich oftmals um spontan und situativ eingebrachte mündliche Leistungen, die „insgesamt weniger strukturiert und reflektiert erscheinen und [...] natürlich durch ihre ausgesprochen flüchtige Natur schwieriger zu dokumentieren sind." (Jung 2013, 86) Noch schwieriger gestaltet sich die differenzierte Wahrnehmung der mündlichen Beiträge in kooperativen Lernformen, in denen die Lernenden zu zweit oder in Kleingruppen an einer Problemlösung von fachlichen Aufgaben arbeiten. Prinzipiell gilt es festzuhalten, dass nicht primär die Häufigkeit einer Beteiligung am Unterricht für die Leistungsfeststellung im Fachunterricht relevant ist, sondern vor allem die Qualität der eingebrachten Beiträge. Dabei gilt es daher vor allem zwischen reproduktiven Aussagen, die nur auf der Wiedergabe von Faktenwissen oder bereits vorinterpretierten Narrationen beruhen, und jenen, die spezifische Kontextualisierungen vornehmen, eigenständige historische Fragen formulieren oder Hypothesen aufstellen, zu unterscheiden (Adamski/Bernhardt 2012, 419).

Kontinuierliche Dokumentation

Für den Bereich der kontinuierlichen Dokumentation der Leistungen im Rahmen der mündlichen Mitarbeit, um sie für die Diagnose, Bewertung oder Beurteilung heranzuziehen, bedarf es strukturierter Beobachtungen seitens der Lehrperson. Die dafür vorgeschlagenen Tools (Pädagogisches Tagebuch, Beobachtungskartei, Beobachtungsbogen etc.) (Jung 2013, 86ff.; Kirk 2004, 89ff.) sind jedoch in der Regel nur für Einzelbeobachtungen geeignet, stellen aber vermutlich eine Überforderung in der Praxis zur Erfüllung der in manchen administrativen Vorgaben eingeforderten kontinuierlichen Aufzeichnungen von Leistungen aller Schüler/innen im Rahmen der mündlichen Mitarbeit dar. Aus diesem Grund scheint es sinnvoll, auch in diesem Bereich zwischen bewertungs- und beurteilungsfreien Lernzeiten und offen kommunizierten Zeitpunkten der notenrelevanten Feststellung, von mündlichen Leistungen zu unterscheiden. Es gilt, den „Lernenden transparent zu machen, wann und in welcher Form von ihnen mündliche Leistungen verlangt werden, die tatsächlich beurteilt werden: bei der Präsentation als Abschluss eines Projektes, als Kolloquium nach einer Gruppenarbeit, als mündliche Einzelprüfung, als Vorbereitung für einen qualifizierten Schulabschluss." (Adamski/Bernhardt 2012, 420) Berücksichtigung sollten mündliche Leistungen aber auch in Rückkoppelung an Portfolios oder Lerntagebücher finden (Wenzel 2012a, 32ff.; Adamski/Bernhardt 2012, 415f.), indem etwa eine Selbstreflexion der Schülerin/des Schülers und/oder Protokolle von Arbeitsgesprächen zwischen den Schülern/innen bzw. mit der Lehrperson Eingang finden und damit über den Umweg der Verschriftlichung zu einem Teil der prozessorientierten Leistungsfeststellung werden.

6. „Plan with the end in mind“: Ausblick – Rückblick

Blickt man nochmals auf die verschiedenen Formate und die jeweils dahinter liegenden Absichten zurück, wird schnell deutlich, dass im Geschichtsunterricht über die Form der Leistungsfeststellung sowie über die dabei in den Mittelpunkt gestellten Lerngegenstände den Schülern/innen vermittelt wird, was einer Lehrperson bzw. einem Fachteam am Fachunterricht als zentral und wichtig erscheint bzw. was unter historischem Lernen zu verstehen ist. Daher kommt es in der Konzeption von Geschichtsunterricht und der damit zusammenhängenden fachspezifischen Leistungsfeststellung darauf an zu klären, was das angestrebte Ziel des historischen Lernens ist. Jerome S. Bruner stellte daher bereits 1962 fest: „Das Curriculum eines Faches sollte durch das fundamentalste Verstehen bestimmt sein, welches über die es stützenden Prinzipien, die einem Fach die Struktur geben, erreicht werden kann. Spezifische Themen oder Fertigkeiten zu unterrichten, ohne dabei ihren Kontext in einer breiten grundlegenden Struktur eines Wissensfeldes zu klären, ist unökonomisch [...] Ein Verstehen der grundlegenden Prinzipien und Ideen scheint der Königsweg für ein adäquates Transfertraining.“ (Bruner 1962, 31. – Zitiert und übersetzt nach: Donovan/Brandsford 2005, 15) Und obwohl dies über fachspezifische Prinzipien (z. B. Multiperspektivität), Konzepte (z. B. Konstruktionscharakter von Geschichte) und Prozeduren (z. B. kritische Quellenarbeit) seitens der Geschichtsdidaktik weitgehend geklärt ist (vgl. Barricelli/Gautschi/Körber 2012; Kühberger 2012b), gilt es, diesen Zielfokus, der am Ende eines Unterrichtsprojektes, Semesters oder Schuljahres zu erreichen ist, klar zu definieren. Dazu sollten die Anteile des konzeptionellen Fachwissens (→ Kapitel 3.3) sowie die zu erwerbenden fachspezifischen Fähigkeiten und Fertigkeiten besonders beachtet werden, um ein möglichst elaboriertes

Fundamentales Verstehen als Zentrum

historisches Denken anzustreben. Denn erst, wenn es ein derartig ausformuliertes Ziel gibt, das vielleicht zusätzlich durch eine Setzung im Lehrplan oder durch ein bestimmtes Niveau im Rahmen von Bildungsstandards fixiert ist, kann man sich auf den Weg machen, um zunächst danach zu fragen, wie man die Erreichung dieses Ziels zu einem bestimmten Zeitpunkt kriteriengeleitet sichtbar machen kann. Ist selbst dies geklärt, wäre es aber vorschnell, würde man einfach mit Übungsaufgaben beginnen. Im Sinn einer Leistungsdiagnose (→ Kapitel 2.3) sollte die Frage nach dem Vorwissen, dem Vorverständnis und den individuellen Bedürfnissen der einzelnen Lernenden als Ausgangspunkt aller weiteren fachdidaktischen Interventionen gewählt werden, um eine größtmögliche Passung im Lernprozess zu erreichen. Erst mit einem professionellen Wissen über eine Lerngruppe bzw. über ihre Individuen ist es möglich, die individuellen Unterschiede produktiv in einem differenzierten Geschichtsunterricht zu verarbeiten und zu klären, wie man geeignete Lernwege hin zum angestrebten Ziel ausgestaltet (vgl. Wiggins/McTighe 2004).

Individuelle Voraussetzungen beachten

„Rückwärtiges Design"

Ein „rückwärtiges Design" spielt nach McTighe/Wiggins darauf an, dass der oftmals zu beobachtende traditionelle Planungszyklus – von der konkreten Unterrichtseinheit hin zur Leistungsfeststellung – auf den Kopf gestellt wird. Planung von Unterricht und seiner Ziele, welche für die Leistungsfeststellung zentral sind, wird dabei vom Ende des Lernprozesses her gedacht: „Plan with the end in mind […]." (McTighe/Wiggins o. J., 7)

Letztlich gilt es jedoch auch hier abschließend anzumerken, dass es der als rückblickender Ausblick gebotenen Herangehensweise an Lernprozessen und ihrer Evaluierung im Rahmen der verschiedenen Zugänge der Leistungsfeststellung nicht gelingen kann, die durch die Schulbürokratien der unterschiedlichen Länder vorgeschriebenen Normen mitzuberücksichtigen. Doch auch unabhängig von gesetzlichen Vorschriften und Durchführungsbestimmungen kann festgehalten werden, dass die in diesem Band gebotenen Wege einen Beitrag leisten können, um Leistungsfeststellung als formative Praxis und damit als Teil des Lernens selbst zu verstehen.

Phase 1: Was ist das Ziel?

Wohin möchte man mit seinen Schülern/innen? Was sollen die Schüler/innen wissen, verstehen oder tun?

In dieser Phase des Nachdenkens geht es darum festzustellen, welche normativen Vorgaben (Lehrplan, Standards etc.) es gibt und welche Entscheidungen hinsichtlich einer Auswahl oder einer Vertiefung man angesichts einer stets vorhandenen Stofffülle trifft. Eine Prioritätensetzung entlang der grundlegenden fachspezifischen Konzepte und Prozeduren (Kern des Unterrichtsfachs) ist hinsichtlich einer Zielbestimmung vorzunehmen.

Phase 2: Wie kann man feststellen, ob die Schüler/innen das angestrebte Ziel erreicht haben?

Was wird als Beleg für das Verstehen bzw. den Erwerb von fachlichen Kompetenzen am Ende einer Lernphase akzeptiert? Wie können Schülerleistungen adäquat festgestellt werden?

In dieser zweiten Phase geht es darum, dass die Lehrperson über die Leistungsfeststellung während und am Ende des Lernprozesses nachdenkt. Ausgangspunkt dafür bieten die Einsichten aus Phase 1, welche Klarheit über die Intentionen des Fachunterrichts und die dort zu positionierenden Konzepte geben. Es gilt dabei festzustellen, nach welchen Kriterien außerhalb einer Lernphase über authentische Aufgaben das erworbene Leistungsniveau entsprechend der jeweiligen Schulstufe sichtbar gemacht wird.

Phase 3: Wer hat welches Vorverständnis?

Wo stehen die einzelnen Schüler/innen? Wie ist meine Lerngruppe zusammengesetzt? Welche Vorkenntnisse und Vorstellungen bringen meine Schüler/innen zu den in Phase 1 ausgewiesenen Aspekten mit?

Das „rückwärtige Design" positioniert auch Lernstandserhebungen (Leistungsdiagnose) als zentrale Instrumentarien des Lernens. Die dafür entwickelten Diagnoseinstrumente sollen die in Phase 1 ausgearbeiteten Konzepte und Fertigkeiten und das in Phase 2 erwartete Umsetzungsniveau grundlegend berücksichtigen, um über ein professionelles Wissen über die in einer Lerngruppe auftretenden Niveaus die Ausgangslage des Lernens reflektieren zu können. Ziel dieser Phase ist es, die unterschiedlichen Lernstände der Schüler/innen festzustellen, um davon ausgehend in Phase 4 eintreten zu können.

Phase 4: Wie sind Lernwege zu gestalten?

Wie kann man die Schüler/innen unterstützen, sich die zentralen fachspezifischen Konzepte und Prozedere anzueignen? Wie kann es gelingen, die Lernenden auf nicht antizipierbare Transfersituationen vorzubereiten? Welches intelligente Wissen und welche Fertigkeiten brauchen die Schüler/innen, um die angestrebten Ziele zu erreichen? Welche strategische Planung sollte seitens der Lehrperson dazu vorgenommen werden? Welche Aktivitäten, Sequenzen und Mittel entsprechen einer wirksamen fachdidaktischen Passung zwischen Lernenden und Ziel? Welche Verantwortung trage ich als Lehrperson, um Lernprozesse zu ermöglichen?

Erst in Phase 4 geht es darum, konkrete Unterrichtssequenzen zu planen und nach den individuellen Lernwegen für die unterschiedlichen Schüler/innen in einem differenzierten Unterricht zu fragen. Es ist dabei zentral, dass Schüler/innen in Lernphasen die Gelegenheit erhalten, ihr aus dem Lernprozess generiertes Verständnis auf neue und damit eben unbekannte, aber durchaus manchmal vergleichbare Situationen anzuwenden und zu erproben, um über ihr fachspezifisches Denkverhalten in Transfersituationen Rückmeldungen an die Lehrperson geben zu können. Zudem sollten auch „Räume" zum Experimentieren im Sinn einer die Konventionen überwindenden Herangehensweise (z. B. Neues er-/finden bzw. er-/denken) geboten werden.

Abb. 22: Leistungsfeststellung und *Backward Design* (vgl. McTighe/Wiggins o. J., 2 ff.)

Die oftmals starre Fixierung der Leistungsfeststellung auf den Bereich der Beurteilung soll damit erweitert und aufgebrochen werden, hin zu jenen Aspekten der Leistungsfeststellung, die für das historische Lernen als Prozess fruchtbarer nutzbar gemacht werden können.

Bibliographie

Adamski, Peter: Leistungen dokumentieren und bewerten. In: Geschichte unterrichten 96/2003c, 10-17.

Adamski, Peter: Portfolio für den Anfängerunterricht Geschichte. In: Geschichte lernen 96/2003b, 29-33.

Adamski, Peter: Portfolio im Geschichtsunterricht. Leistungen dokumentieren, Lernen reflektieren. In: GWU 54/2003a/1, 32-50.

Adamski, Peter/**Bernhardt**, Markus: Diagnostizieren – Evaluieren – Leistungen beuretilen. In: Handbuch Praxis des Geschichtsunterrichts. Bd. 2. Hrsg. v. M. Barricelli/M. Lücke. Schwalbach/Ts. 2012, 401-435.

Ammerer, Heinrich/**Windischbauer**, Elfriede (Hrsg.): Kompetenzorientierter Unterricht in Geschichte und Politischer Bildung. Diagnoseaufgaben mit Bildern. Wien 2011.

Amrhein-Kreml, Renate et al.: Prüfungskultur. Leistungen und Bewertungen (in) der Schule. Klagenfurt 2008.

Anderson, Lorin W./**Krathwohl**, David R. et al. (Hrsg.): A Taxonomy for Learning, Teaching, and Assessing. A Revision of Bloom's Taxonomy of Educational Objectives. New York 2001.

Barricelli, Michele/**Gautschi**, Peter/**Körber**, Andreas: Historische Kompetenzen und Kompetenzmodelle. In: Handbuch Praxis des Geschichtsunterrichtes. Band 1. Hrsg. v. M. Lücke/M. Barricelli. Schwalbach/Ts. 2012, 207-235.

Becker, Georg E.: Planung von Unterricht. Handlungsorientierte Didaktik. Teil 1. Weinheim – Basel 1997[7].

Becker, Georg E.: Unterricht auswerten und beurteilen. Weinheim – Basel 2007, 95.

Birkel, Peter: Mündliche Prüfungen. Zur Objektivität und Validität der Leistungsbeurteilung. Bochum 1978.

Bloom, Benjamin S. (Hrsg.): Taxonomie von Lernzielen im kognitiven Bereich. Weinheim – Basel 1972.

Borries, Bodo von: Test. In: Handbuch für Geschichtsdidaktik. Hrsg. v. K. Bergmann et al. Seelze-Velber 1997[5], 481-485.

Borries, Bodo von: Empirie. Ergebnisse messen (Lerndiagnose im Fach Geschichte). In: Kompetenzen historischen Denkens. Ein Strukturmodell als Beitrag zur Kompetenzorientierung in der Geschichtsdidaktik. Hrsg. v. A. Körber/W. Schreiber/A. Schöner. Neuried 2007, 653-673.

Borries, Bodo von: Leistungsmessung und Leistungsbeurteilung. In: Handbuch der Geschichtsdidaktik. Hrsg. v. K. Bergmann et al. Düsseldorf 1979, 89-93.

Borries, Bodo von: Lernziele und Testaufgaben für den Geschichtsunterricht. Stuttgart 1973.

Bromme, Rainer et al.: Die Erziehenden und die Lernenden. Lehrende in Schulen. In: Pädagogische Psychologie. Hrsg. v. A. Krapp/B. Weidenmann. Weinheim – Basel 2005, 296-334.

Bruner, Jerome S.: The Process of Education. Cambridge, Mass. 1962.

Donovan, M. Suzanne/**Brandsford**, John D.: Introduction. In: How Students Learn. History, Mathematics, and Science in the Classroom. Washington, D.C. 2005, 1-28.

EPA/Einheitliche Prüfungsanforderungen in der Abiturprüfung GESCHICHTE (Beschluss der KMK 10.2.2005) http://www.kmk.org/fileadmin/veroeffentlichungen_beschluesse/1989/1989_12_01-EPA-Geschichte.pdf (16.6.2013)

Fuchs, Karin/**Ritzer**, Nadine (2009): Prüfungen – Visitenkarten des Geschichtsunterrichtes. In: Forschungswerkstatt Geschichtsdidaktik 07. Hrsg. v. J. Hodel/B. Ziegler. Bern 2009, 268-276.

Girmes, Renate: [Sich] Aufgaben stellen. Seelze-Velber 2004.

Gorsch, Waldemar: Evaluation, Lernkontrolle und Leistungsbewertung. In: Geschichts-Didaktik. Praxishandbuch für die Sekundarstufe I und II. Hrsg. v. H. Günther-Arndt. Berlin 2003, 2006-218.

Häcker, Thomas/**Winter**, Felix: Portfolios – ein Beitrag zur Demokratisierung des Lernens und der Leistungsbeurteilung. In: Beteiligt und bewertet? Leistungsbeurteilung und Demokratiepädagogik. Hrsg. v. S.-I. Beutel/W. Beutel. Schwalbach/Ts. 2010, 292-309.

Heuer, Christian: Kompetenzraster im Geschichtsunterricht. In: Geschichte Lernen 116/2007, 28-33.

Heuer, Christian: Gütekriterien für kompetenzorientierte Lernaufgaben im Fach Geschichte. In: GWU 62 (2011) 78, 443-458.

Jung, Johannes: Schülerleistungen erkennen, messen, bewerten. Stuttgart 2013.

Keller, Lars: Leistungsmessung und Beurteilung im GW-Unterricht. Von der W-Frage zum transparenten Testformat. Teil I. In: GW-UNTERRICHT, 114/2009, 25-34.

Kirk, Sabine: Beurteilung mündlicher Leistung. Pädagogische, psychologische, didaktische und schulrechtliche Aspekte der mündlichen Leistungsbeurteilung. Bad Heilbrunn/Obb. 2004.

Klafki, Wolfgang: Neue Studien zur Bildungstheorie und Didaktik. Weinheim 1996[5].

König, Hans-Joachim/**Rieckenberg**, Michael/**Rinke**, Stefan: Die Eroberung einer neuen Welt. Präkolumbische Kulturen, europäische Eroberung, Kolonialherrschaft in Amerika. Schwalbach/Ts. 2008[2].

Krammer, Reinhard/**Kühberger**, Christoph: Geschichte und Politik im Fächerverbund. In: Historische Sozialkunde 1/2009, 3-13.

Kühberger, Christoph: Welches Wissen benötigt die politische Bildung? In: Informationen zur Politischen Bildung 30/2009. S. 52-56.

Kühberger, Christoph: Aufgabenarchitektur für den kompetenzorientierten Geschichtsunterricht. In: Historische Sozialkunde 1/2011a, 3-13.

Kühberger, Christoph: Aufgabenstellung „Kreuzzüge". In: Die kompetenzorientierte Reifeprüfung. Geschichte und Sozialkunde/Politische Bildung. Richtlinien und Beispiele für Themenpool und Prüfungsaufgaben. Hrsg. v. BMUKK. Wien 2011b, 29.

Kühberger, Christoph: Operatoren als strukturierende Elemente von Aufgabenstellungen für Geschichte und Sozialkunde/Politische Bildung. In: Die kompetenzorientierte Reifeprüfung. Geschichte und Sozialkunde/Politische Bildung. Richtlinien und Beispiele für Themenpool und Prüfungsaufgaben. Hrsg. v. BMUKK. Wien 2011c, 14-18.

Kühberger, Christoph: Konzeptionelles Wissen als besondere Grundlage für das historische Lernen. In: Historisches Wissen. Geschichtsdidaktische Erkundungen zu Art, Tiefe und Umfang für das historische Lernen. Hrsg. v. Ch. Kühberger. Schwalbach/Ts. 2012a, 33-74.

Kühberger, Christoph (Hrsg.): Historisches Wissen. Geschichtsdidaktische Erkundungen zu Art, Tiefe und Umfang für das historische Lernen. Schwalbach/Ts. 2012b.

Kühberger, Christoph: Fachdidaktische Diagnose im Politik- und Geschichtsunterricht. In: Informationen zur Politischen Bildung 35/2012c, 45-48.

Kühberger, Christoph: Geschichtsdidaktische Diagnose im Unterrichtsgeschehen. In: Geschichte denken. Zum Umgang mit Geschichte und Vergangenheit von Schüler/innen der Sekundarstufe I am Beispiel „Spielfilm". Empirische Befunde – Diagnostische Tools – Methodische Hinweise. Hrsg. v. Ch. Kühberger. Innsbruck 2013, 149-162.

Kühberger, Christoph/**Windischbauer**, Elfriede: Individualisierung und Differenzierung im Geschichtsunterricht. Schwalbach/Ts. 2012.

Kühberger, Christoph/**Windischbauer**, Elfriede: Der Salzburger Landtag und sein politisches Umfeld. Salzburg 2013.

Lach, Kurt/**Massing**, Peter: Schriftliche Übung – Test – Klausur. In: Methodentraining II für den Politikunterricht. Bonn 2006, 85-96.

Langner, Frank: Diagnostik als Herausforderung für die Politikdidaktik. In: Domänenspezifische Diagnostik. Wissenschaftliche Beiträge für die politische Bildung. Hrsg. v. J. Schattschneider. Schwalbach/Ts. 2007, 58-70.

McTighe, Jay/**Wiggings**, Grant P.: Understanding by Design Framework. o.O. o.J. – http://www.ascd.org/ASCD/pdf/siteASCD/publications/UbD_WhitePaper0312.pdf (20.12.2013)

Pandel, Hans-Jürgen: Historisches Erzählen. Narrativität im Geschichtsunterricht. Schwalbach/Ts. 2010.

Reich, Kersten (Hrsg.): Methodenpool. In: http://methodenpool.uni-koeln.de/download/portfolio (24.3.2013)

Ruf, Urs: Lerndiagnostik und Leistungsbewertung in der Dialogischen Didaktik. In: Pädagogik 4/2003, 10-16.

Ruf, Urs: Das Dialogische Lernmodell vor dem Hintergrund wissenschaftlicher Theorien und Befunde. In: Besser Lernen im Dialog. Hrsg. v. U. Ruf, S. Keller, F. Winter. Seelze-Velber 2008, 233-274.

Saldern, Matthias von: Schulleistung 2.0. Von der Note zum Kompetenzraster. Norderstedt 2011.

Schmidinger, Elfriede/**Vierlinger**, Rupert: Zeitgemäße Leistungsbeurteilung. Wien 2012.

Schröder, Hartwig: Didaktisches Wörterbuch. München 2001.

Stern, Thomas: Förderliche Leistungsbewertung. Wien 2008.

VanSledright, Bruce A.: Assessing Historical Thinking and Understanding. Innovative Designs for New Standards. New York – London 2014.

Völkel, Bärbel: „Steinzeitmänner gingen auf die Jagd, die Frauen wuschen Wäsche". In: Geschichte lernen 116/2007, 46-52.

Waldis, Monika: Fachdidaktische Analyse von Aufgaben in Geschichte. In: Lern- und Leistungsaufgaben im Unterricht. Fächerübergreifende Kriterien zur Auswahl und Analyse. Hrsg. v. M. Kleinknecht et al. Bad Heilbrunn 2013, 145-162.

Walzik, Sebastian: Kompetenzorientiert prüfen. Leistungsbewertung an der Hochschule in Theorie und Praxis. Opladen 2012.

Wenzel, Birgit: Aufgaben im Geschichtsunterricht. In: Geschichtsmethodik. Handbuch für die Sekundarstufe I und II. Berlin 2007. S. 77-86.

Wenzel, Birgit: Aufgaben(kultur) und neue Prüfungsformen. In: Handbuch Praxis des Geschichtsunterrichtes. Band 2. Hrsg. v. M. Barricelli/M. Lücke. Schwalbach/Ts. 2012a, 23-49.

Wenzel, Birgit: Heterogentität und Inklusion – Binnendifferenzierung und Individualisierung. In: Handbuch Praxis des Geschichtsunterrichtes. Band 2. Hrsg. v. M. Barricelli/M. Lücke. Schwalbach/Ts. 2012b, 238-254.

Wiggings, Grant P./**McTighe**, Jay: Understanding by Design. Alexandria, VA 2004.

Windischbauer, Elfriede: Leistungsfeststellung im kompetenzorientierten historisch-politischen Unterricht. In: Historische Sozialkunde 1/2009, 14-24.

Winter, Felix: Person – Prozess – Produkt. Das Portfolio und der Zusammenhang der Aufgaben. In: Friedrich Jahresheft 2003, 78-81.

Winter, Felix: Guter Unterricht zeigt sich in seinen Werken. In: Lernende Schule 3/2000/11, 42-46, 42.

Winter, Felix: Leistungsbewertung. Eine neue Lernkultur braucht einen anderen Umgang mit den Schülerleistungen. Baltmannsweiler 2012[5].

Wunderer, Hartmann: Tests und Klausuren. In: Handbuch Methoden im Geschichtsunterricht. Hrsg. v. U. Mayer/H.-J. Pandel/G. Schneider. Schwalbach/Ts. 2007[2], 675-685.

Zergiebel, Mike: Diagnosemöglichkeiten bei Selbstständigem Lernen. Ein Beispiel aus dem Geschichtsunterricht der Oberstufe. In: Geschichte Lernen 116/2007, 53-60.

Ziener, Gerhard: Bildungsstandards in der Praxis. Kompetenzorientiert unterrichten. Seelze-Velber 2008[2].